AFFAIRE DES SABLES

DE LA

FORÊT DE FONTAINEBLEAU

PRÉVENTION DU DÉLIT DE PUBLICATION DE FAUSSES NOUVELLES FAITES DE MAUVAISE FOI.

DÉBAT DEVANT LE TRIBUNAL CORRECTIONNEL DE FONTAINEBLEAU.

J'avais songé d'abord à rédiger un Mémoire pour discuter devant la Cour le jugement du tribunal de Fontainebleau dont j'ai relevé appel, mais, au moment où j'allais commencer ce travail, j'ai pensé que j'arriverais plus sûrement au même but en mettant sous les yeux de la Cour les débats du procès de Fontainebleau recueillis par M. Guillois, ancien attaché au *Moniteur universel.* Ces débats jetteront la plus vive lumière sur la question de droit et sur la question de fait soumise à la Cour. La prévention y trouvera exposés, aussi complétement qu'il a été possible de le faire, les arguments dont s'est servi le ministère public pour demander ma condamnation. La plaidoirie de mon honorable avocat, M⁵ Auguste Avond, qui a bien voulu me défendre avec une si énergique conviction, exposera les raisons qui, ce me semble, militent en ma faveur d'une façon si victorieuse.

La Cour me pardonnera de mettre en renvoi quelques observations qui expliqueront ou rectifieront des faits énoncés trop brièvement ou inexacts.

A. CORRÉARD.

TRIBUNAL DE POLICE CORRECTIONNELLE DE FONTAINEBLEAU

Audience du 27 juin 1856.

PRÉSIDENCE DE M. VIGNON.

Un jugement rendu par défaut, le 6 juin, contre M. Corréard, ingénieur, l'avait condamné à six mois de prison et 1,000 francs d'amende pour avoir publié, dans un prospectus relatif à l'établissement d'une manufacture de glaces, cristaux et verreries, à Fontainebleau, des faits mensongers, délit prévu par le décret du 17 février 1852.

Sur l'opposition de M. Corréard, les débats se sont reproduits à l'audience du 27 juin.

M. Corréard se présente, assisté de Me Auguste Avond, du barreau de Paris.

Deux témoins ont été assignés; ce sont M. Vicaire, administrateur du domaine de la liste civile, et M. Leclerc, inspecteur des forêts de la couronne à la résidence de Fontainebleau.

Ce dernier répond seul à l'appel des témoins.

M. LE SUBSTITUT *du procureur impérial* donne lecture d'une lettre à lui adressée par M. Vicaire, dans laquelle ce dernier s'excuse de ne pouvoir se présenter à l'audience, retenu qu'il est à Paris par son service.

M. le président. Il ne reste alors qu'un témoin, M. Leclerc, le tribunal va l'entendre.

M. Leclerc est appelé à la barre du tribunal.

M. le président. Quelles sont les questions que le prévenu désire faire poser au témoin?

Me Auguste Avond. Nous désirons savoir s'il n'est pas à la connaissance du témoin qu'il y ait eu trois cahiers de charges pour l'adjudication des sablières de la forêt de Fontainebleau et dans lesquels il existe un article 10 qui aurait subi des modifications. En d'autres termes, et pour plus de clarté, nous demandons au témoin s'il n'est pas à sa connaissance: 1° qu'une première rédaction de l'article 10 ait été arrêtée au moment où l'affiche en date du 13 avril annonçant l'adjudication pour le 26 avril a été placardée; 2° qu'une seconde rédaction a été substituée à la première par M. Vicaire, qui en a donné connaissance à mon client, M. Corréard, le 21 avril; 3° si la rédaction qu'on produit, et qui serait la troisième, n'est pas postérieure à cette entrevue?

Le témoin. Je ne connais qu'un cahier de charges approuvé par M. le ministre de la maison de S. M. l'Empereur (1).

Dans ce cahier de charges il existait une réserve faite dans le sens de ce que demandait M. Corréard; *on promettait, en effet, aux adjudicataires de ne pas ouvrir de nouvelles carrières, mais l'administration stipulait une réserve dans le cas où il viendrait à s'établir, dans le voisinage de la forêt de Fontainebleau, une ou plusieurs usines employant des sables pour leur fabrication.*

Entre le projet de cahier de charges et le projet définitivement adopté LES TERMES SONT DIFFÉRENTS MAIS LE FOND EST LE MÊME.

Mᵉ Avond. J'insiste et je demande si le témoin n'a pas connaissance d'un cahier de charges dont l'article 10 aurait été modifié de la main même de M. Vicaire.

Le témoin. En examinant la minute du cahier de charges que l'on me présente et le cahier lui-même, je remarque QUE L'ARTICLE 10 EST DEVENU L'ARTICLE 11.

Dans cet article il est dit qu'il ne sera pas fait, pendant six ans, de concessions de même nature, à moins que les sablières ne soient épuisées, ou qu'il ne s'établisse de nouvelles usines employant du sable dans leur fabrication. Je n'ai connaissance que d'un seul cahier de charges (2).

Mᵉ Avond. Je répète que nous maintenons qu'il y a eu trois rédactions et que l'on n'en reproduit que deux.

Une première, en date du 13 avril 1855, est déposée au ministère de

1. Et le cahier des charges rédigé par vous et communiqué au public de Fontainebleau du 13 au 26 avril ne compte donc pas?

2. M. Leclerc persiste à méconnaître le premier cahier, qu'il a rédigé lui-même, et dont parle l'affiche d'adjudication des sablières.

la maison de l'Empereur et dans les bureaux de l'inspecteur des forêts de la couronne à Fontainebleau. Ce cahier avait été proposé et rédigé par M. Leclerc, il ne contenait aucune réserve pour le cas où il viendrait à s'établir des verreries dans le voisinage de la forêt, et on le communiquait à tout le monde.

Mon client apprit, par une de ses connaissances, que ce cahier de charges ne contenait aucune réserve en sa faveur, c'est alors qu'il écrivit à M. le ministre qu'on n'avait pas tenu ce qui lui avait été promis.

Le samedi 21 (nous précisons les dates), M. Vicaire fait venir M. Corréard et lui dit : « Voyez, voici ce que j'écris pour vous; *toutefois, dans le cas où il viendrait à s'établir de nouvelles usines dans le voisinage de la forêt de Fontainebleau, employant pour leur consommation du sable à verrerie, elles auront le droit de prélever toute la quantité de sable qu'elles pourront consommer.* »

Ce paragraphe était écrit de la main de M. Vicaire, l'écriture n'était pas encore sèche.

Puis il ajoute ; « M. Corréard, êtes-vous content? — Oui, répond celui-ci. »

Voilà une seconde rédaction que l'on ne *reproduit pas ;* c'est sur ce fait que nous aurions désiré faire expliquer M. Vicaire, qui n'a pas cru devoir répondre à l'appel de la justice en se retranchant derrière la haute position qu'il occupe; c'est là une manière très-regrettable d'éluder un débat, et je suis, comme avocat, d'autant plus fondé à déplorer cette absence, qu'en assignant M. Vicaire l'huissier avait inséré, dans sa sommation d'avoir à comparaître, la mention des questions trèsimportantes que M. Corréard désirait faire poser au témoin. Je sais bien qu'on me répondra que M. Vicaire a envoyé un rapport; on pourra même ajouter qu'il y a au dossier une note apocryphe non signée dont je ne reconnais en aucune façon l'authenticité, et que sa nature même m'autorise à dédaigner.

M. le président s'adressant à M. Leclerc. Avez-vous connaissance d'un Mémoire que M. Corréard a fait distribuer et dans lequel il est dit qu'il y a à Fontainebleau deux mille ouvriers carriers sans ouvrage (1).

---

1. M. le président a sans doute voulu dire dans les communes environnantes et

Le témoin. Je ne sache pas qu'il y ait ici d'ouvriers sans ouvrage, je dirai même qu'il est difficile d'en trouver autant qu'on en voudrait. Il y a dans un certain moment à Fontainebleau 1,200 carriers; depuis 3 ou 4 ans il en a disparu la moitié, et cependant on a extrait des quantités de sable considérable.

M. Corréard. Je pourrais établir sur les ouvriers inoccupés la vérité de mes allégations, mais ce n'est pas, je le crois du moins, le débat quant à présent. Je reviens au cahier des charges, et je répète que ce cahier, déposé dans le bureau de M. l'inspecteur des forêts, ne contenait aucune réserve. C'est à ma sollicitation qu'elle a été introduite, et j'ai eu connaissance de cette modification le 21 avril.

Le témoin. Le cas de l'établissement d'une usine était prévu avant la réclamation de M. Corréard. C'EST DE MOI QU'ÉMANE LA RÉDACTION QUI A ÉTÉ DÉFINITIVEMENT ADOPTÉE (1), et j'ajoute que les extracteurs de sable ne redoutaient en aucune façon l'établissement d'usines dans le voisinage de la forêt de Fontainebleau.

M. le président. On vous accuse d'être contraire à l'établissement de la verrerie.

M. Leclerc. On a tort; je ne suis pas hostile à cet établissement.

Me Avond. Quand nous avons fait assigner M. Vicaire, nous avons eu soin d'indiquer dans l'assignation que nous demandions la production de certaines pièces. Comment se fait-il qu'on ne les produise pas?

---

pour toutes les espèces d'ouvriers. Dans ce cas, M. Corréard maintient son dire comme exact pour plus de moitié de l'année.

1. La première rédaction datée du 13 ne contenait aucune réserve; elle est bien de M. Leclerc ainsi que la troisième; mais la deuxième rédaction qui comprenait une réserve formelle, est de M. Vicaire. Elle a été communiquée à M. Corréard, celle-là, mais on refuse de la produire. Quant à la sollicitude de M. Leclerc pour la verrerie, elle n'a jamais consisté qu'à prendre des mesures pour faire fermer les portes avant la formation de l'usine.

Sur ma demande et d'après l'ordre de l'Empereur, un rapport a été fait, du 4 au 10 avril 1855, par le chef du cabinet de Sa Majesté; le tout a été renvoyé au ministre de la maison de l'Empereur; c'est donc d'après l'ordre exprès de Son Excellence que la réserve de prélever tous les sables dont pourrait avoir besoin la future fabrique de glaces de Fontainebleau a été faite, et non par l'initiative de M. Leclerc. Voir la lettre du sous-chef du cabinet particulier de Sa Majesté, en date du 12 avril 1855, adressée à M. Corréard.

M. Corréard. Je maintiens que c'est dans le cabinet de M. Vicaire que la mention dont j'ai parlé a été faite, et comme le prouve ma correspondance (1).

Après ces explications préliminaires, M. le président procède à l'interrogataire du prévenu.

Il déclare se nommer Alexandre Corréard, être âgé de 68 ans, né à Sèvres, arrondissement de Gap (Hautes-Alpes).

M. le président. Êtes-vous marié !

Le prévenu. Je suis veuf.

M. le président. Avez-vous déjà subi quelques condamnations ?

Le prévenu. Oui, beaucoup. J'ai été condamné à plusieurs reprises, en 1821 et 1822, etc., pour avoir publié des brochures et des ouvrages politiques en faveur de l'empereur Napoléon.

M. le président. Quels sont ces ouvrages ?

Le prévenu. Une centaine de brochures qui avaient pour objet de rappeler les souvenirs les plus glorieux de l'Empire, le Recueil de pièces authentiques sur le captif de Sainte-Hélène, en 12 volumes in-8°, dont trois furent saisis, comprenant le Retour de l'île d'Elbe, par Fleury de Chaboulon, secrétaire de l'Empereur, le Manuscrit de Sainte-Hélène, anonté par l'Empereur, la Campagne de 1815, etc.

M. le président. Depuis quand avez-vous conçu le projet de fonder une fabrique de glaces ?

Le prévenu. Depuis 1851. C'est en 1853 que j'ai demandé l'autorisation de fonder l'établissement qui fait l'objet du prospectus incriminé. Les enquêtes ont duré plus que le temps nécessaire (13 mois) pour

---

1. Voir la lettre à l'Empereur, du 1er mai 1854; la lettre à M. le ministre de la maison de l'Empereur, du 21 avril 1855; les lettres à M. le préfet de Seine-et-Marne, du 17 avril 1855, du 16 octobre 1855, et la lettre à l'Empereur, du 24 avril 1856. Dans cette lettre, on lit : *Votre Majesté a daigné m'accorder par décision du 29 septembre 1855, l'autorisation d'établir près Fontainebleau une fabrique de glaces, ainsi que la faveur de prélever dans la forêt les sables qui me seront nécessaires pour alimenter la fabrique.*

Dans la lettre à M. le ministre, on y lit également : *J'ai eu l'honneur de voir M. l'administrateur général, qui a bien voulu me faire savoir qu'une réserve avait été faite pour toute la quantité de sable qui serait nécessaire à la fabrique de verrerie qui doit s'établir aux environs de Fontainebleau, etc.* Voilà cependant ce que l'on qualifie d'acte DE MAUVAISE FOI ET DE GROSSIER MENSONGE.

rémplir les formalités d'usage en pareille circonstance; deux mois au plus devaient suffire.

M. le président. Avez-vous eu connaissance du cahier des charges qui existait à Fontainebleau.

Le prévenu. Oui, sans doute ; mais je l'ai déjà dit, le cahier des charges de Paris et celui de Fontainebleau ne se ressemblent plus. C'est sur celui de Paris que j'ai été autorisé à prélever les sables dont je pourrais avoir besoin, et M. Vicaire, après avoir écrit de sa propre main cette autorisation, me demanda : Êtes-vous content ? Je répondis : Oui, sans doute, puisque vous m'accordez ce que je vous demande.

M. le président. Vous avez vu que M. Vicaire nie ce fait. Il soutient que vous n'avez jamais eu de privilége EXCLUSIF. C'est ce qui résulterait cependant de la rédaction de votre prospectus répandu à un grand nombre d'exemplaires, d'après lequel vous donnez à penser que le sable vous serait livré gratis.

Le prévenu. Il n'a pas été distribué plus de 500 exemplaires; le prospectus ne porte pas de droit exclusif (1), et je n'ai jamais dit non plus que j'obtiendrais le sable gratis. Il n'y a rien de cela dans mon prospectus, ma lettre au ministre du 21 avril dernier prouve le contraire; j'ai offert le prix de factage.

M. le président. Il y a un second point dans votre prospectus qui est également inexact; vous dites : « Le chemin de fer est à 500 mè- « tres, et la Seine à 700 mètres. *C'est là que sera établi, à frais* « *communs, entre l'État, la liste civile* et notre Compagnie, un bar- « rage éclusé. »

Le prévenu. C'est le style dont les ingénieurs se servent quand ils préparent leurs projets; toujours on dit : *telle chose sera faite de telle ou telle manière.* Puis comme ces travaux sont soumis aux enquêtes, c'est selon qu'elles ont été faites que l'on s'arrête à un parti définitif.

M. le président. Mais il n'était pas indifférent pour les actionnaires de savoir que la moitié de la dépense serait supportée par l'État et la liste civile, et rien ne vous autorisait à l'annoncer.

1. Le prévenu représente au tribunal 500 exemplaires, et dit que mille ont été envoyés en Angleterre, que 500 seulement ont été distribués; il présente les factures de l'imprimeur qui constatent le fait.

Le prévenu. La dépense est proportionnelle aux avantages, et du reste dans le Mémoire que j'ai fait passer sous les yeux du tribunal, on a pu voir que je raisonnais dans trois hypothèses :

1° Celle du barrage établi aux frais de la Compagnie seulement ;

2° Celle de la dépense supportée par l'État et la Compagnie ;

3° Celle de la dépense divisée par tiers, entre l'État, la liste civile et la compagnie.

Mais le prospectus a des bornes restreintes qui ne permettaient pas d'entrer dans l'examen des trois hypothèses que je viens d'énoncer.

M. le président. Mais alors pour rester dans la vérité, vous auriez dû mettre : *Il pourra être établi* un barrage.

Le prévenu. Je reconnais que c'est là l'expression qui aurait dû être employée ; mais je le répète, les ingénieurs, dans leurs avant-projets, disent : telle chose se fera de telle ou telle façon, sans qu'on puisse pour cela les taxer de mauvaise foi, ni de grossier mensonge ou même d'inexactitude. Mon avocat vous démontrera suffisamment, je l'espère, a vérité de mes assertions.

M. le président. La parole est à votre défenseur, M⁰ Avond.

M⁰ Auguste Avond. Messieurs, je me présente dans cette affaire pour M. Corréard, opposant au jugement rendu par défaut contre lui, et mes conclusions tendent à ce que son opposition soit déclarée bonne et valable, et qu'il soit renvoyé purement et simplement des fins de la poursuite, mais avant d'entrer dans le débat, je voudrais savoir quels sont les reproches adressés à mon client... car M. l'avocat impérial n'a pas jugé à propos de les faire connaître.

M. le substitut du procureur impérial. Nous sommes défendeurs d'un jugement, et nous devons entendre sur quels motifs le prévenu s'appuie pour demander l'annulation du jugement qui le frappe.

M⁰ Avond. L'opposition fait tomber le jugement rendu par défaut, et nous devons connaître pour nous défendre en parfaite connaissance de cause les faits qui nous sont reprochés. Si je parle le second, je répondrai au ministère public et en même temps je me défendrai. — Je crois qu'il est préférable que la prévention se produise tout d'abord, mais je n'ai pas besoin de dire que je n'attache à cet ordre du débat qu'un très-petit intérêt ; si le tribunal n'est pas de mon avis, je vais m'expliquer.

M. le président. La parole est au ministère public.

M. le substitut du procureur impérial. M. Corréard, en faisant défaut, nous a mis, Messieurs, dans la nécessité de vous rappeler les faits de la prévention, qui vous ont été déjà exposés par un organe qui a sur vous plus d'autorité que je n'en ai; quoi qu'il en soit, je ne faillira pas à ma tâche.

En 1852, quand la France put se tranquilliser sur son avenir, tous les esprits se tournèrent vers l'industrie, et l'on vit se former des sociétés sans nombre qui toutes appelaient à elles des capitaux pour se livrer à des opérations trop souvent hasardeuses et dans lesquelles venaient s'engloutir la fortune des personnes assez confiantes pour s'intéresser dans des compagnies qui au fond n'avaient rien de sérieux. Des abus scandaleux s'étant produits, l'autorité dut songer à y mettre un terme, et c'est pour arriver à ce but qu'un projet de loi fut présenté au Corps législatif. J'ai sous les yeux le rapport fait sur cette loi, et je crois utile de vous faire connaître comment s'exprime M. le rapporteur sur certaines sociétés en commandite :

« Voilà une société qui s'établit avec un capital important : le fonda-
« teur en a dressé l'acte, soit seul, soit avec un petit nombre d'associés;
« l'apport, c'est un immeuble déjà déprécié ou un procédé sans valeur.
« On sait que les petits capitaux sont nombreux; ce sont des salaires,
« des économies péniblement amassées. La loi les sollicite pour la caisse
« d'épargne, cette providence des classes laborieuses. On va les tenter,
« les séduire, par l'appât de bénéfices exagérés. Le fondateur s'est réservé
« des avantages outrés; les souscripteurs accourent au bruit des prospec-
« tus. La société est constituée et marche; le conseil de surveillance est
« aveugle, ou reste silencieux, ou leurre les associés par la distribution
« de dividendes; mais c'est aux dépens du capital social. Pendant tout
« ce temps, on a joué sur les actions de ces entreprises. Les fondateurs
« se sont enrichis; puis la société, et que reste-t-il? Quelques gens cré-
« dules, qui n'ont en retour de leur argent que du papier sans valeur. »

Voilà, Messieurs, ce que dit le rapporteur, et l'on dirait vraiment qu'il a écrit ici pour la cause qui se débat aujourd'hui devant vous (1).

Mais avant que cette loi eût été présentée au Corps législatif, l'Empe-

1. Il ne manque à ce portrait que peu de chose, à savoir : des souscripteurs, de l'argent versé, une caisse enlevée, etc., ou bien des personnes volées et un voleur.

reur, dans sa sollicitude pour tout ce qui se rattache à l'intérêt public, avait cru devoir avertir la société par une lettre dans laquelle on flagellait ces hommes qui disaient au public qu'au moyen de certaines influences dont ils disposaient, ils avaient le pouvoir de faire réussir telle ou telle affaire en obtenant facilement pour eux des concessions que l'on refuserait à d'autres.

Voici à ce sujet ce que par ordre de l'Empereur M, le ministre de l'intérieur écrivait le 4 mai au préfet de police.

« Monsieur le préfet,

« Depuis que la puissante impulsion donnée par l'Empereur au travail national a multiplié les entreprises qui doivent être concédées ou sanctionnées par le gouvernement, il s'est organisé autour de ces affaires une industrie coupable, contre laquelle on ne saurait trop mettre en garde les honnêtes gens. Certains individus, se vantant d'influences qu'ils n'ont pas, ont réussi à en faire un véritable commerce. Ils feignent des intelligences occultes dans les régions plus ou moins élevées du pouvoir; à les entendre, leurs démarches, que ceux qu'ils trompent ne sauraient contrôler, font accorder ou refuser les concessions, naître ou s'évanouir les difficultés, hâter ou retarder la solution des affaires. Qu'une demande réussisse par sa propre légitimité, ils savent s'en attribuer le succès, et rien n'égale leur audace, si ce n'est la crédulité de ceux qu'ils exploitent. Le mépris public flétrit ces manœuvres, mais il y a de plus au code pénal un article qui les atteint, et l'Empereur désire que cet article soit sévèrement appliqué. Proscrivant d'une manière absolue dans l'expédition des affaires toute influence personnelle, l'empereur a toujours entendu que l'intérêt public fût seul consulté; il veut que l'administration reste aussi respectée qu'elle est impartiale, et ne saurait tolérer autour d'elle ces influences officieuses qui s'offrent ou que l'on sollicite, mais qui ne manquent jamais de se faire payer en avantages matériels leur protection imaginaire. Il a bien des fois appelé sur ce point ma surveillance et la vôtre, et nous a toujours prescrit de livrer sans hésitation aux tribunaux les coupables, quels qu'ils fussent. Mais trop souvent nos efforts ont été impuissants, et ceux-là mêmes qui, dans l'intimité des conversations privées, allaient se plaignant à chacun d'avoir subi et payé ces prétendus auxiliaires, ont, par leur refus obstiné de toute déclaration officielle, paralysé nôtre action et rendu la punition impossible.

« Il n'en faut pas moins, monsieur le préfet, redoubler de vigilance; il faut, non pas venger l'administration de calomnies qui ne sauraient l'atteindre, mais affranchir les soumissionnaires des grandes entreprises de cet impôt prélevé sur leur crédulité. Qu'ils n'ajoutent aucune foi à ces prétendues influences; qu'ils n'aient pas la faiblesse de leur réserver une part dans leurs affaires, et si elles s'offrent ou veulent s'imposer, qu'ils sachent faire acte d'honnêtes gens, de bons citoyens, et vous les dénoncent sur-le-champ; ils n'ont rien à craindre, et justice sera faite; telle est la ferme volonté de l'Empereur.

« Pour mener à bien cette œuvre de moralité publique, vous y emploierez sans relâche tous les moyens de surveillance dont peut disposer la préfecture de police. »

C'est pour atteindre ce résultat que M. le préfet de police adressait à son tour, le 12 mai, aux commissaires de police de la ville de Paris, la lettre que voici :

« Messieurs, S. Exc. le ministre de l'intérieur vient, par une lettre insérée au *Moniteur*, d'appeler mon attention sur des manœuvres qui exercent depuis longtemps votre vigilance et qui n'ont pas cessé d'exciter ma sollicitude. Un certain nombre d'hommes tombés dans la dégradation exploitent habilement d'indignes rumeurs, dont souvent ils sont eux-mêmes les auteurs. Après avoir répandu dans le public de fausses insinuations, ils se tiennent à la recherche des affaires industrielles soumises à la sanction du Gouvernement, et colportent, avec une incroyable audace, dans le monde des affaires, leurs cyniques propositions.

« De pareilles manœuvres sont une insulte à la moralité publique.

« Pénétré de la pensée de l'Empereur et de la portée des instructions de M. le ministre de l'intérieur, j'ai constamment livré aux tribunaux, lorsque j'ai pu les saisir, les auteurs de ces indignités. Mais il est presque toujours advenu que, soumises à l'épreuve de l'information judiciaire, ces sortes d'affaires se sont réduites aux proportions des plus grossières intrigues.

« Toutefois ces tentatives laissent dans le public des impressions qui affligent les honnêtes gens, et la malveillance sait habilement s'en emparer pour égarer l'opinion.

« Appliquons-nous donc, Messieurs, à saisir ces faits sous quelques formes qu'ils se présentent et à les poursuivre sans relâche. Nous aurons, pour cela, le concours de la magistrature judiciaire, qui ne fera jamais défaut à une œuvre de moralité publique; nous aurons le concours et la sympathie des hommes de bien et des bons citoyens, jaloux de l'honneur du gouvernement que le pays s'est donné; enfin, nous aurons le concours des administrations publiques et de tous les fonctionnaires de l'État; car, quiconque a le privilége de servir l'Empereur, doit être soucieux de la dignité de l'administration comme de son propre honneur.

« Ai-je besoin d'ajouter que l'intérêt public doit être notre seul guide; qu'aucune personnalité ne doit se substituer à l'action du Gouvernement, et que nous ne servirions point l'Emperenr comme il veut l'être, si nous cédions à des préoccupations ou à des considérations personnelles quelconques.

« Il ne vous aura pas échappé, Messieurs, que la lettre ministérielle m'a été adressée par l'ordre de l'Empereur. C'est donc à la préfecture de police que Sa Majesté a daigné remettre plus spécialement l'exécution de sa haute pensée; et c'est là un honneur que nous saurons tous apprécier et que nous voudrons justifier en suivant fidèlement et fermement les instructions de S. Exc. le ministre de l'intérieur.

« Je désire que vous vouliez bien m'accuser réception de cette circulaire. »

Ces diverses lettres vous font assez connaître, Messieurs, quelles sont les intentions de l'administration, et le prévenu aurait dû en tenir compte. Il était bien averti quand son prospectus a paru (1), et qu'il l'a répandu à un grand nombre d'exemplaires (500 exemplaires en France). Comment alors a-t-il osé avancer des faits notoirement inexacts?

Il est dit, en effet, dans ce prospectus :

« En effet, Fontainebleau offre la silice ou sable blanc le plus beau
« du monde, et dont nous sommes autorisés par le ministre de la

---

1. En effet, il devait être bien averti! Il est utile de remarquer cependant que le prospectus a été distribué le 21 avril, et que la lettre du ministre est du 3 mai, et celle de M. le préfet du 12, et depuis cette époque, la Compagnie de M. Corréard n'a pas fait une seule publication; elle s'est constamment refusée à recevoir, avant comme après, la publication des lettres du ministre et du préfet de police, le moindre à-compte sur les souscriptions déjà faites, et elle a même refusé d'en recevoir de nouvelles.

« maison de Sa Majesté l'Empereur, à prélever, au profit de notre fa-
« brique, toute la quantité dont nous pouvons avoir besoin. »

Je ne veux pas jouer sur les mots; mais on vous dit clairement que
l'on a le DROIT EXCLUSIF de prendre du sable (1); et plus loin, on ajoute :
« Le chemin de fer est à 500 mètres, et la Seine à 700 mètres; c'est là
« que sera établi à frais communs, entre l'État, la liste civile et notre
« compagnie, un barrage éclusé avec chute de 2 mètres 50 centimètres,
« produisant une force minimum de 1,072 chevaux. »

Enfin, après avoir fait ressortir les bénéfices que rapportera l'entreprise, on termine ainsi :

« Ces avantages sont doublement assurés par l'économie de 40 p. 0/0
« que présentent les appareils, etc., et, en outre, par la concession que
« la liste civile a faite à M. Corréard de prélever dans la forêt, *avant*
« *tous autres*, tous les sables dont il pourra avoir besoin POUR LA FUTURE
« FABRIQUE. »

Nous avons voulu, Messieurs, avoir des renseignements sur de telles
allégations, et nous avons demandé au ministre de la maison de l'Empereur si, en effet, M. Corréard avait obtenu des concessions aussi
exorbitantes (2).

On nous a répondu par l'envoi de la minute du cahier des charges,
dont l'art. 11 est ainsi conçu : « L'administration s'engage à ne pas
« ouvrir, pendant les six années de la présente concession, de nouvelles
« sablières de même nature dans la forêt de Fontainebleau, à moins
« d'épuisement des sablières concédées, ou de l'établissement, dans le

---

1. Dans la lettre du 21 avril 1855, M. Corréard offre de payer le sable au prix
de factage, et dit à M. le ministre : *Il reste d'ailleurs à examiner si la vente des
sables par adjudication, au profit de l'industrie étrangère, présentera plus d'avantages à la liste civile que la vente assurée et annuelle de 300,000 fr. de bois que la
fabrique consommera. Je me permets d'appeler l'attention de Votre Excellence sur
ce point.*

2. M. l'avocat impérial n'est pas un ingénieur, l'on ne sera donc pas étonné de la
qualification de *concessions exorbitantes* qu'il donne au droit de prélever du sable
dans la forêt. Elle ne s'élèverait pas à plus de 8,000 mètres par an que la Compagnie
offre de payer à raison du prix du factage actuel.

Il ne dit pas non plus que cette mesure procurera un débouché aux bois de la
forêt de Fontainebleau, s'élevant à plus de 50,000 stères, dont la valeur est de
337,500 fr. Ainsi cette mesure était de beaucoup plus à l'avantage de la liste civile
qu'à celui de la future fabrique.

« voisinage de la forêt, d'usines employant pour leur consommation
« du sable à verrerie. »

Nous demandons s'il est possible de trouver dans cette rédaction le
droit exclusif (1) de prélever des sables que l'on prétend avoir obtenu.
C'est en vain que M. Corréard, mettant en doute les faits annoncés par
M. Vicaire dans la lettre que j'ai eu l'honneur de mettre sous les yeux
du tribunal, s'attache à soutenir qu'il y a eu trois cahiers de charges.
Cela n'est pas; il n'y en a eu que deux, et ici j'ai besoin de vous faire
connaître les circonstances qui ont motivé les deux rédactions.

L'attention de M. l'inspecteur des forêts de la couronne avait été éveil-
lée sur le parti que l'on pouvait tirer des grès et des sables de la forêt de
Fontainebleau : il rédigea un cahier des charges dans lequel il fit insérer
une réserve pour le cas où des établissements employant du sable à verrerie viendraient à se former dans les environs de la forêt de Fontainebleau.

M. Corréard. C'est moi qui ai fait cette demande; lisez mes lettres et
notamment ma lettre à l'Empereur du 1er mai 1854, et ma lettre au
ministre du 21 avril 1855.

M. le substitut du procureur impérial. Je suis étonné d'une pareille
allégation, quand vous avez entendu tout à l'heure que c'était l'administration elle-même qui avait fait insérer cette réserve. C'est de cette erreur
que M. Corréard *part pour annoncer qu'il a* LE DROIT EXCLUSIF de
prendre le sable qui lui sera nécessaire (2).

Cette phrase de son prospectus est évidemment mensongère, et il reste
bien établi que M. Corréard a trompé la bonne foi des actionnaires (3).

J'arrive maintenant à une note.....

Me Avond vivement. J'ai déjà eu l'honneur de dire au tribunal que

---

1. Encore une fois M. Corréard n'a jamais dit ni cru qu'il eût obtenu le *droit
exclusif* de prélever des sables. Il a dit qu'il était autorisé à prélever la quantité
de sable dont il pourrait avoir besoin pour la future fabrique.

2. M. l'avocat impérial oublie que le cahier des charges, rédigé par M. Leclerc
en date du 13 avril, ne comprenait aucune réserve pour les futures verreries de
Fontainebleau, et que c'est seulement dans la rédaction de M. Vicaire, du 21 mai,
datée du 23 avril, qu'il est parlé de cette réserve, et *cela sur ordre de l'Empereur et du ministre.*

3. Mais il n'y a pas un seul actionnaire dans cette affaire, puisque, aux termes de
la loi, il n'y a d'actionnaire qu'autant qu'un premier versement a été effectué, et
comme pas un seul demandeur d'actions n'a versé, il s'ensuit évidemment que
personne n'a été trompé.

je ne pouvais pas admettre que l'on se servît de documents non signés et qui n'ont par conséquent aucune valeur. Je pourrais faire de cette réclamation l'objet de conclusions. Je ne le fais pas ; mais, je le déclare, je ne comprends pas qu'on se serve de prétendus documents non signés, que je ne puis par conséquent contrôler.

M. le substitut du procureur impérial. J'en reviens à dire que le projet du cahier des charges portait qu'il ne serait pas ouvert de nouvelles carrières de sable pendant la durée des six années de la concession et que la réserve ajoutée à l'article l'a été par le fait de l'administration elle-même (1).

Quant au barrage, M. Vicaire dit très-formellement dans sa lettre : « Entre M. Corréard et moi il n'a jamais été question de barrage (2). »

C'est donc là encore une allégation mensongère faite de mauvaise foi, sur laquelle on s'appuie cependant pour présenter comme superbe, comme magnifique l'avenir de la compagnie que l'on veut fonder.

C'est de cette manière, Messieurs, qu'on a voulu surprendre la bonne foi des actionnaires. C'est ainsi que M. Corréard s'est rendu coupable de la publication de fausses nouvelles, de faits mensongers. On vous répondra peut-être que l'on n'a pas reçu de souscriptions. On répondra encore, comme on l'a fait tout à l'heure, que l'on n'était pas à Paris quand le prospectus a été rédigé, que le soin de la rédaction en a été laissé au directeur des ateliers ; et pour donner créance à ce que l'on vous a dit du barrage, on vous a fait distribuer un Mémoire évidemment imprimé pour les besoins de la cause. Ce sont là de pitoyables excuses, et si c'est là la défense de M. Corréard, sa condamnation est certaine. Les allégations de M. Corréard sont mensongères, elles ont été faites de mauvaise foi, elles tombent sous l'application de la loi de février 1852.

On reproduira aussi le fantôme de trois cahiers de charges ; mais si on

1. Mais alors pourquoi donner à M. Corréard communication de la nouvelle rédaction de l'article 10 du cahier des charges plutôt qu'à toute autre personne ? Ne voulait-on pas lui prouver que l'on avait tenu grand compte de l'ordre de l'Empereur et des ministres ?

2. Cela est une grosse erreur de la part de M. Vicaire. Car M. Corréard lui a dit : Vous m'accordez du sable que je payerai, et moi, par mon projet de barrage, je vous donnerai les moyens de transformer les jardins du palais de Fontainebleau en un lieu féerique, et cependant vous ne me payerez pas mes études, auxquelles je travaille depuis plusieurs années. A la vérité, j'ai compris dans mon travail les palais de Versailles, de Saint-Cloud et même de Compiègne.

n'en apporte pas la preuve, vous maintiendrez contre M. Corréard la condamnation dont il est frappé.

M. le président. La parole est à Mᵉ Avond.

Mᵉ Auguste Avond. Messieurs, l'honorable organe du ministère public a cru devoir faire précéder son réquisitoire de considérations générales dont j'avoue humblement ne pas comprendre la portée. Il vous a lu une lettre de M. le ministre de l'intérieur, une lettre de M. le préfet de police, il vous a même donné connaissance du passage d'un rapport qui a paru ce matin, je crois, dans les journaux, sur la loi concernant les sociétés en commandite. Tout cela est, selon moi, sans importance dans la cause et sans influence possible sur votre décision. Ce sont des généralités qui peuvent trouver place à la rigueur partout, mais qui n'en sauraient avoir une spéciale au procès actuel.

Voilà une première observation que me suggère le langage de M. l'avocat impérial.

Je demande au tribunal la permission de faire sur ce langage une seconde observation à laquelle j'attache de l'importance : je ne comprends pas qu'on ait traité mon client comme un véritable malfaiteur, lui reprochant d'avoir répandu à profusion un prospectus mensonger et d'avoir voulu, pour ainsi dire, extorquer l'argent de ses actionnaires. Le ministère public, traçant à ce propos un portrait de fantaisie de M. Corréard, portrait que vous pourrez comparer tout à l'heure à son vrai portrait que je me permettrai de faire avec des actes irrécusables et des documents qui vous montreront quel est l'homme dont on a parlé avec tant de dédain, le ministère public, dis-je, après avoir cité des passages de prospectus que j'examinerai aussi, s'écrie : « Vous le voyez, ces lettres du ministre de l'intérieur et du préfet de police semblent faites pour ce procès. » Je réponds : C'est une erreur, ces lettres ont été écrites et publiées à l'occasion de faits qui ont fortement ému la justice ; elles ont paru au moment où on répandait de prétendus bruits très-graves pour l'administration ; elles ont précédé un procès qui a eu un certain retentissement, un procès qui concernait une société qui voulait, je crois, organiser le monopole du lait. Un certain individu allait colporter partout qu'il était sûr de l'appui très-personnel du préfet de police. Un procès s'en est suivi, cet individu a été condamné. C'est à l'occasion de ce fait surtout qu'ont paru les lettres qu'on vous a lués et dont on veut à toute force se faire une arme pour le procès actuel.

Laissons de côté, si vous le permettez, l'autorité de ces lettres et l'espèce de fantasmagorie qu'on a créée en les lisant.

Non, ce n'est point pour une compagnie dont l'honorable M. Corréard devait être le gérant qu'ont pu être faits de tels documents. Mais en vérité, au lieu d'avoir consacré sa vie, et le mot n'a rien que de très-vrai, au service de son pays, mon client appartiendrait à cette classe de gens sans feu ni lieu, sans foi ni loi, sans passé, sans présent et sans avenir, qui ne rêvent que spoliation et exploitation de la crédulité publique, qu'il n'aurait pas été traité plus durement. En vous écoutant, Monsieur l'avocat impérial, je me rappelais involontairement toutes les poursuites et tous les réquisitoires faits à une autre époque, contre les compagnies californiennes qui, exploitant la crédulité populaire, faisaient miroiter aux yeux des actionnaires les mines inépuisables de la Californie, parlant de dividendes et d'intérêts fabuleux, promettant à tous de colossales fortunes, et en fin de compte trompant le public sur toutes choses, sur leur organisation qui était un leurre, sur leur honneur et leur solvabilité qui étaient un leurre, sur l'avenir de la Californie qu'ils n'avaient jamais vue même sur une carte, et donnant à tous les petits rentiers, à tous ceux qui croyaient quintupler leur petite fortune en quelques mois, non-seulement le spectacle de leurs escroqueries, mais la plus complète ruine. Je le répète, dans ces compagnies tout était fiction: le capital, fiction; la commandite, fiction; les terrains aurifères que l'on disait posséder, fiction. Et c'est pourtant à de pareilles entreprises que vous comparez celle à la tête de laquelle figure mon client, et c'est à de pareils hommes que vous venez assimiler M. Corréard; il aurait selon vous, en annonçant MENSONGÈREMENT qu'il avait la faculté de prélever pour sa fabrique le sable dont il avait besoin, cherché à tromper le public; il aurait fait mieux (parlons sans détours), il aurait à l'aide de cette annonce battu la grosse caisse et cherché à attirer les actionnaires, qui ne seraient pas venus sans cet expédient. Il n'y a à cela qu'un malheur, c'est que toutes les actions existent et que M. Corréard a refusé impitoyablement tout versement; mais n'anticipons pas.

Je vous demande pardon, Messieurs, de m'être arrêté sur ces considérations générales qui sont un peu la physionomie du procès, tel que l'a compris et que l'a présenté M. l'avocat impérial, mais qui au demeurant ne sont que des prolégomènes très-vagues, très-indécis, et qui

**

échappent à l'analyse. Croyez-le bien, si j'ai eu le tort de me laisser aller trop complaisamment à ces réflexions, c'est que j'avais entendu avec une vraie douleur l'honorable organe de la prévention oubliant le véritable prévenu pour en dépeindre un de convention.

Ceci dit, quel est le procès? On reproche à M. Corréard d'avoir imprimé dans un prospectus qu'il est autorisé par la liste civile à prélever avant tous autres (ce qui est un pléonasme) la quantité de sable qui sera nécessaire à sa fabrique de verrerie. On lui reproche en second lieu d'avoir dit un peu plus loin et dans le même écrit qu'un barrage *sera* établi sur la Seine à frais communs entre l'État, la liste civile et la compagnie.

Résumons en deux mots ces deux chefs : M. Corréard, autorisé à prendre du sable, je dis avec intention à *prendre* du sable avec d'autres personnes : les concessionnaires, dans la forêt de Fontainebleau, a dit *prélever* au lieu de *prendre*, alors, permettez-moi de constater cette chose énorme, que ces sablières sont inépuisables.

Ensuite, parlant d'un projet de barrage sur la Seine, lequel est depuis longtemps à l'étude, et qui serait fort avantageux pour l'État d'abord et pour la liste civile ensuite, et je défie que les hommes compétents me contredisent, parlant d'un projet, dis-je, et ne doutant pas un instant qu'il ne fût accueilli par l'État et la liste civile, il a dit : un barrage *sera* établi, — *sera* au lieu de *serait*.... Voilà nettement la prévention.

Eh bien! si vous voulez apprécier sainement, juger avec réflexion et avec équité les passages que je viens de citer, ne faut-il pas tout d'abord que vous vous demandiez quelle a été l'intention, l'intention ce *critérium* qui permet de peser tous les actes humains, surtout quand on veut faire de ces actes des délits. Or, M. Corréard a-t-il voulu publier « mensongèrement et de mauvaise foi » ce que vous appelez une fausse nouvelle. Sa mauvaise foi! mais c'est à vous à l'établir, et au milieu de vos généralités vous avez perdu de vue le procès! . . . .

J'aurais compris, à la rigueur, que vous fissiez à M. Corréard un procès en vertu du premier paragraphe de l'article 15 du décret qui s'occupe de fausses nouvelles. Ce premier paragraphe porte que « la publication ou « la reproduction de nouvelles fausses, de pièces fabriquées, falsifiées ou « mensongèrement attribuées à des tiers, sera punie d'une amende de « 50 francs à 1,000 francs. » J'aurais compris, sans l'approuver et sauf discussion, qu'il fût venu à l'esprit du parquet de Fontainebleau de dire à M. Corréard : Vous avez peut-être fait rédiger par quelqu'un un prospectus que vous auriez dû rédiger vous-même, tant pis pour vous; peut-être avez-vous suivi de fâcheux errements acceptés parmi les ingénieurs, et qui consistent à transformer dans des prospectus, dans des brochures, dans des livres, en fait accompli, en quelque sorte existant, ce qui n'est qu'une chimère, un demi-projet, un projet même ou une volonté convaincue mais isolée, tant pis pour vous; oui, j'aurais compris qu'on dît à M. Corréard : vous avez mis trop de précipitation à rédiger votre prospectus; vous avez confondu deux verbes distincts, prendre et prélever; vous avez confondu sera et serait, nous allons vous rendre victime de cette précipitation, voire même de cette légèreté; cela aurait été rigoureux, cependant je l'aurais compris. Ce que je ne comprendrai jamais, et je le dis sincèrement et non pour l'acquit d'un plaidoyer, c'est que le parquet poursuive en vertu du paragraphe 2 de l'article 15 précité, lequel porte que « si la publication ou reproduction est faite de mau« *vaise foi*, ou si elle est de nature à troubler la paix publique, la « peine sera d'un mois à un an d'emprisonnement et d'une amende de « 500 francs à 1,000 francs. »

Et la fin de cet article dispose que « le maximum de la peine sera « appliqué si la publication est tout à la fois de nature à troubler la « paix publique et faite de mauvaise foi. »

C'est cette partie de la loi qu'on invoque contre mon client.

Avant toute chose voyons quel est l'homme qu'on poursuit avec cette rigueur.

On a cherché à jeter des doutes sur la position de fortune de M. Corréard. — On l'a présenté comme ayant une fortune très-compromise; M. l'avocat impérial trouve cet examen utile, soit; eh bien ! je réponds : mon client a une propriété que tout le monde ici connaît et qui vaut, *au minimum*, 150,000 francs; il jouit, indépendamment de cela, de 10,000 francs de rentes; il a des créances à recouvrer sur l'État s'élevant à 98,000 francs qui, avec les intérêts, montent à 155,000 francs et qu'il recevra quand il voudra. Est-ce là un homme *presque insolvable ?* Est-ce là un homme qui soit réduit aux expédients? Je vous concède que sa fortune n'est pas de celles qui provoquent les conversations de tout Paris; non, c'est une fortune modeste, bien acquise, très-honorable, très-solide, et vous devez regretter d'avoir présenté M. Corréard comme un homme sans ressources.

Le tribunal trouvera bon que je m'explique maintenant sur les antécédents de M. Corréard.

Élevé au prytanée français par les soins de l'empereur Napoléon Ier, il lui voua dès lors une profonde reconnaissance. C'est un noble sentiment que celui de la reconnaissance, sentiment trop rare, hélas ! et qui honore ceux qui le respectent. Aussi mon client a-t-il toujours appartenu et appartient-il encore aux opinions napoléoniennes.

En 1812, alors que la France soutenait seule contre l'Europe ces luttes gigantesques dont nous avons tous conservé le souvenir ou pour les avoir suivies avec orgueil ou pour en avoir lu les bulletins, qui sont souvent de véritables épopées, M. Corréard s'engagea dans la garde impériale. Il défendit héroïquement avec elle le sol de la patrie envahi, cherchant une mort glorieuse au milieu de ses vaillants frères d'armes. Vingt fois il joue sa vie ; son corps, couvert de blessures, atteste sa bravoure et sa fidélité au drapeau ; mais que faire contre les coups de la fortune ! l'Empereur est vaincu, l'armée est licenciée, la garde dissoute. Un nouveau gouvernement remplace l'ancien, venant à la suite de l'étranger ; — Corréard ne peut pas servir ce gouvernement, il demande à quitter la France et on l'embarque, à vingt-cinq ans, comme ingénieur géographe. Il a sous ses ordres un détachement de vingt-cinq ouvriers dont plusieurs sortent du génie militaire et maritime. Il monte sur un navire dont le nom est trop malheureusement connu dans les fastes maritimes, j'ai nommé *la Méduse*.

La frégate se perdit par le plus beau temps du monde, et après trois jours de luttes inutiles il fallut songer à abandonner le bâtiment qui menaçait de s'engloutir à chaque instant. Le gouverneur fait appeler M. Corréard et lui dit : « On va mettre les canots à la mer, vous y avez votre place comme officier. — Les hommes que l'on m'a confiés montent-ils avec moi ? demande Corréard. — Impossible, répond le gouverneur. — Alors je reste avec eux. — Mais vous vous exposez à la mort, à une mort presque certaine. — Qu'importe, j'aime mieux la mort que le déshonneur. »

Suivez bien, Messieurs, la vie de cet homme estimable ; vous l'avez vu soldat plein de cœur, vous le retrouvez en face de la mort, jouant sa vie héroïquement pour sauver son honneur. = Ces faits sont connus du monde entier. — *La Méduse!* le naufrage de *la Méduse!* le radeau de *la Méduse!* tout cela est devenu presqu'une légende populaire, légende qui fait frémir et qui remplit d'admiration.

Après cette réponse de Corréard, ces braves ouvriers dont il est le chef construisent vite et vite un radeau, ce radeau de *la Méduse* qui est devenu le sujet d'un magnifique tableau, un des bons tableaux du Louvre, dont les principales scènes ont été racontées, minute par minute, avec toutes les angoisses du souvenir, à Géricault, par Corréard, qui était un de ses plus ardents amis.

Malgré moi j'arrête une seconde ma pensée sur ce drame palpitant d'intérêt aujourd'hui comme aux premiers jours : le radeau est à la mer, on y met tout ce qu'on peut sauver sans craindre de l'engloutir, 152 personnes y prennent place, Corréard y monte le dernier au moment où le navire fait eau de toutes parts.

Les canots prendront à leur remorque ce radeau si promptement organisé et qui seul ne pourrait ni marcher, ni se diriger, ni faire face aux terribles éventualités de la mer. Ainsi est-il dit, mais le radeau est lourd, les canots n'avancent pas, un avis barbare se produit : tout va périr, dit-on sur les canots, tout, canots et radeau, un seul moyen de salut s'offre, il faut isoler les canots, il faut briser les liens qui retardent la marche des canots. Hélas! ainsi fait-on, et désormais ce radeau va flotter à l'aventure au milieu de l'immensité. — Je frémis, Messieurs, en songeant à cet épouvantable drame, malgré moi je me reporte à cette scène de désolation et de terreur, et mes yeux se remplissent de larmes. Treize jours se passent dans les plus mortelles angoisses; des actes abominables de carnage se succèdent sans relâche, la faim, la soif, la rage et la folie s'emparent de tous. — Qui pourrait retracer ce tableau plein de grandeur et de misères. — Ces malheureux meurent pour la plupart ou se laissent entraîner par la mer en furie, dans les profonds abîmes. Corréard est aujourd'hui le seul survivant, malgré vingt-quatre blessures qu'il a reçues sur cette frêle machine.

Recueillis en mer, ainsi que je l'ai dit, après treize jours d'atroces souffrances et d'existence miraculeuse, par un bâtiment envoyé à leur recherche, les naufragés encore vivants, au nombre de quinze, sont conduits au Sénégal, lieu de leur destination.

Ne trouvez-vous pas, Messieurs, que c'est là un triste et glorieux apprentissage de la vie, et n'avez-vous pas, pour ce dernier survivant de la *Méduse*, votre cœur ouvert à la sympathie.

Bientôt M. Corréard revient à Paris.

Le bruit de ses infortunes s'est répandu et l'a rendu intéressant. Il se lie avec Benjamin Constant, Foy, d'Argenson, Laffitte, de Thiars, Lafayette, Casimir Perrier, Béranger, et beaucoup d'autres personnages célèbres de cette époque, et plus tard avec les généraux Bertrand, Montholon, Gourgaud, de Lascazes, etc.

Il publie la relation du naufrage de *la Méduse*; aussitôt on le prive de ses fonctions d'ingénieur. Il se fait libraire, et se voit persécuté pour la publication du recueil de pièces authentiques sur le captif de Sainte-Hélène, qui comprenait les Mémoires de Fleury de Chaboulon sur les Cent Jours; enfin il paraît neuf fois devant les tribunaux et est condamné dans ces neuf poursuites à huit ans de prison et à des amendes énormes. Son avocat d'alors, qui depuis est devenu son ami et le traite avec la plus haute estime, est aujourd'hui un homme puissant, bien qu'il ne soit ni sénateur, ni conseiller d'État, je veux parler de M. Mocquard, resté simplement secrétaire de l'Empereur.

Le gouvernement n'était pas bienveillant pour la presse. Pour couronner l'œuvre des procès de presse, on exhume une ancienne ordonnance de 1663, tombée depuis longtemps en désuétude, et en vertu de laquelle ou le dépouillera de son brevet de libraire, c'est-à-dire d'une propriété qui vaut plus de 250,000 francs.

Après cette condamnation, M. Corréard quitte la France et se retire en Angleterre, où l'on s'occupait déjà de chemins de fer. Il se mêle activement à ce mouvement des esprits vers l'examen des questions pratiques, il travaille jour et nuit avec les ingénieurs les plus célèbres de cet industrieux et intelligent pays, si bien qu'à l'avenir ses connaissances d'ingénieur vont se trouver singulièrement agrandies et rectifiées.

Louis XVIII meurt. M. Corréard rentre en France, et dès 1824 cet homme, dont on vous faisait il y a une heure un si triste portrait; cet homme, auquel on reprochait de *se dire ingénieur*, conçoit le premier, dès 1824, le projet d'un chemin de Paris à Bordeaux, par Chartres et Tours! — Le premier il se met à l'œuvre, et je le dis bien haut, à partir de cette époque de 1824, M. Corréard a fait pour son pays, pour sa grandeur, pour sa richesse, pour son avenir, des choses qui sont admirables et qui pourraient illustrer la vie de dix ingénieurs.

Je ne veux pas me jeter dans des détails excessifs, et c'est pour éviter ce danger que je vais me borner à récapituler devant vous les travaux qu'a faits mon client, lequel a fait plus pour nos voies ferrées que tous les autres ingénieurs ensemble.

Études du chemin de fer de Paris à Versailles, sept projets de 18 kilomètres	126 kil.
De Versailles à Tours	215
De Maintenon à Saint-Étienne-du-Vouvray. .	90
De Chartres à Nogent-le-Rotrou	52
De Morée à Blois et de Vendôme à Blois. . .	69
De Paris à Trappes, par la vallée de la Bièvre.	29
De Tours à Bordeaux	389
De Bourgueil à Angers.	66
De Maison-Blanche à Civray	11
Variantes entre Mausles et Angoulême. . .	42
De Tours au Mans, par Château-du-Loir . .	90
Du Mans aux Sables, par Angers et Napoléon-Vendée.	243
Ceci donne un total de.	1,422 kil.

Mais ce n'est point tout : je poursuis :

Variante de Tours aux Ormes.	61 kil.
De Paris à Strasbourg, avec embranchement sur Reims	538
Embranchement de Frouard sur Saarbruck, par Metz	126
Embranchement de Metz à Thionville . . .	30
Ligne du Nord, de Paris à la frontière. . .	582
Études d'un canal de Paris à Maisons, avec projets de docks	16
Études des docks de Marseille, avec canaux maritimes	30
Total	2,805 kil.

N'est-ce pas inouï, qu'un seul homme puisse, en quinze ou vingt années, faire de tels prodiges! et n'allez pas croire que ce sont là des projets comme on l'entend souvent. Non, ce n'est point de chimères, de rêves, de tentatives qu'il s'agit, mais de vrais projets, qui, projets la veille, sont devenus faits accomplis le lendemain, et qui sont aujourd'hui l'orgueil de la France industrielle!

Si au lieu d'avoir l'honneur de plaider devant des juges, je plaidais devant les ingénieurs de ce pays, devant les économistes qui ont spécialement étudié ces questions, devant les membres des chambres qui en ont été les rapporteurs durant ces vingt dernières années, tous seraient obligés de s'incliner devant ces résultats du travail, de la persévérance et du talent, si ce mot est suffisant pour caractériser de si grands efforts et de si beaux résultats.

Et voyez comme cela est sérieux : le gouvernement adopte tour à tour les tracés de Paris à Versailles, rive gauche, et accorde à Corréard 40,000 fr. de récompense ; puis les études de Versailles à Chartres avec une indemnité de 52,000 fr. ; enfin les études de la section de Tours à Bordeaux lui ouvrent une nouvelle indemnité de 150,000 fr., et aussitôt que la section de Chartres à Tours sera livrée à l'industrie, la compagnie devra lui payer une somme de 98,000 fr., laquelle, réunie aux intérêts, s'élève en ce moment à 155,000 fr.

Maintenant, Messieurs, que vous savez qu'il ne s'agit plus d'un homme cherchant des aventures dans l'industrie ou poursuivant à l'aide d'assertions équivoques des fantaisies irréalisables ; maintenant que vous savez que mon client est tout simplement un des membres les plus distingués du corps si savant et si renommé des ingénieurs français ; maintenant que vous savez pourquoi et comment il se présente devant vous couvert de cicatrices ; maintenant que je vous ai dit toutes les persécutions dont il a été l'objet pour avoir publié tous les documents qui se rapportaient aux gloires et aux malheurs de la patrie, est-ce que vous pourrez croire qu'un tel homme est capable d'un délit dont la cupidité et l'intérêt personnel seraient le mobile ? Je connais bien peu le cœur humain, ou vous n'accueillerez désormais et vous ne retiendrez à sa charge que ce qui sera invinciblement prouvé par la prévention.

Voyons donc les faits qui ont provoqué la poursuite :

M. Corréard est propriétaire du château et du parc des Basses-Loges.

Cette propriété est située à proximité de la forêt de Fontainebleau, qui contient le plus beau sable blanc que l'on puisse trouver pour la fabrication des glaces et du verre.

Une chose le préoccupe d'abord : c'est le nombre des bras inoccupés. Il a évalué approximativement, comme le font tous ceux qui établissent des statistiques, que leur nombre s'élevait à environ 2,000; vous dites qu'il n'y en a jamais eu que 1,200. Peu importe! Toujours est-il qu'il y avait beaucoup de bras inoccupés, et auxquels il n'était pas sans intérêt, pour l'arrondissement de Fontainebleau, de procurer du travail.

Frappé du grand développement de l'industrie des glaces et des verreries, dont les produits s'élèvent en ce moment à plus de cent millions de francs, il a songé à établir dans son parc une manufacture de glaces, cristaux et verreries.

Il voyait là, je le répète, en même temps les moyens de donner du travail aux nombreux ouvriers que la cessation de la fabrication des pavés de grès et l'établissement des chemins de fer laissaient inoccupés (1). Il s'adressa donc, le 4 août 1854, à M. le préfet de Seine-et-Marne, pour obtenir l'autorisation de construire sur sa propriété une manufacture de glaces et de produits chimiques. Sa lettre resta sans réponse.

Le 11 octobre suivant, il rappelait à M. le préfet sa lettre du 4 août.

Le 1ᵉʳ décembre, il recevait une lettre de M. le maire d'Avon, qui lui demandait de fournir un troisième plan qui manquait au dossier.

Puis M. Corréard n'entend plus parler de rien. Je pourrais dire ici peut-être quels ont été les motifs de la lenteur des enquêtes, mais je n'en vois pas quant à présent l'utilité.

Enfin, ne s'expliquant pas le silence que l'administration gardait vis-à-vis de lui, M. Corréard prend le parti d'adresser à M. le préfet de Seine-et-Marne, à la date du 3 avril, une lettre de rappel.

Le 6, M. le sous-préfet de Fontainebleau lui écrit :

« Vous avez demandé à M. le préfet, par votre lettre du 3 avril courant qu'il m'a communiquée, qu'une prompte décision soit prise à « l'égard de votre demande en autorisation d'établir, aux Basses-Loges, « commune d'Avon, une fabrique de verre, cristaux et produits chimiques.

---

1. La ville de Fontainebleau compte huit cents indigents, malgré l'assertion de M. l'inspecteur Leclerc.

« Ce haut fonctionnaire m'a chargé de vous faire connaître la situation
« de cette affaire

« Je m'empresse, en conséquence, de vous informer que les pièces
« constatant les longues formalités d'enquête remplies dans les com-
« munes m'ont été adressées par les maires il y a huit jours, et que le
« conseil d'hygiène d'arrondissement s'est réuni le 3 de ce mois, et a
« donné un avis favorable. Aussitôt, et ce sera prochainement, que le
« secrétaire du conseil m'aura remis le rapport de cette assemblée sur
« toutes les affaires qui lui ont été soumises, je transmettrai à M. le
« préfet votre demande et les pièces à l'appui. »

Vous le remarquerez, Messieurs, près de neuf mois se sont écoulés
entre la demande de M. Corréard et cette réponse.

Dans cet intervalle, il se passait quelque chose dont il était bon que
l'administration fût informée, car je ne sache pas qu'il existe encore de loi
qui empêche d'avertir l'autorité de faits qui se rattachent à l'intérêt général, et qui, partant, sont dignes d'attention.

M. Corréard prit le parti d'écrire, le 21 avril, à M. le ministre de la
maison de l'Empereur, le jour même où M. Vicaire venait de lui donner
communication de la deuxième rédaction du cahier des charges. Quel
était le but de cette lettre? Informer l'administration supérieure d'un
état de choses qui menaçait notre industrie nationale de la verrerie.
M. Corréard, se dit avant d'écrire à M. le ministre d'État et de la
maison de l'Empereur : Il y a à Fontainebleau des hommes qui occupent
une certaine position sociale et qui entendent mieux leurs intérêts privés
que l'intérêt général ; ils voudraient, sous le patronage de M. l'inspecteur
des forêts, obtenir pour un temps plus ou moins long la *concession
exclusive* de l'exploitation de tous les sables blancs de la forêt de Fontainebleau, position unique en ce genre, et afin d'opérer à coup sûr, ils
cherchent à passer des marchés en Belgique, en Angleterre, en Allemagne, pour livrer dans ces pays des quantités de sable considérables et
à des prix excellents pour eux. C'est un fait qui portera préjudice non
pas seulement à l'établissement que je veux fonder, mais surtout à
l'intérêt public, puisque l'Angleterre, la Belgique et l'Allemagne pourront combattre avec avantage une industrie qui tend à se développer
tous les jours. Il importe, se dit M. Corréard, d'avertir l'administration,
et il écrit au ministre de la maison de l'Empereur : il affirme dans sa
lettre qu'il regrette que M. l'inspecteur Leclerc n'ait pas compris le dan-

ger de cette situation et qu'il paraisse le favoriser. Est ce à dire que mon client soit hostile à M. Leclerc ou qu'il suspecte ses intentions? Pas le moins du monde; mon client croit que M. Leclerc est un homme fort délicat, fort estimable; mais il croit en même temps qu'il se trompe de la manière la plus lourde, la plus regrettable pour les intérêts de l'État. En conséquence, il prend la liberté de parler franchement, nettement à M. le ministre. Voici comment il lui parle à la date du 21 avril, à l'occasion de l'adjudication projetée des sables de la forêt de Fontainebleau :

« Votre Excellence seule peut arrêter l'exécution de ce projet *anti-*
« *national* et perfide à mon égard, et j'ai la conviction qu'elle ne l'ap-
« prouvera pas et ne le sanctionnera pas, avec d'autant plus de raison
« que M. le sous-chef du cabinet de l'Empereur a bien voulu m'écrire,
« le 12 de ce mois, qu'il avait transmis, par ordre de l'Empereur, à
« Votre Excellence, la demande que j'ai eu l'honneur d'adresser à Sa
« Majesté.

« Permettez-moi de vous faire connaître quelques détails sur l'acte
« d'autorité, abusif selon moi, contre lequel je viens réclamer.

« Lorsqu'on a su à Fontainebleau qu'il s'agissait d'établir une grande
« fabrique de glaces, tout le monde en a éprouvé une grande satisfaction,
« à l'exception *toutefois de M. l'inspecteur des forêts qui, par tous les*
« *moyens imaginables, a retardé* le résultat *des enquêtes, et de quel-*
« *ques marchands de sable blanc qui ont vu, dans l'établissement de*
« *la fabrique de glaces,* une cause de manque à gagner.

« Soutenus comme ils le sont par M. l'inspecteur, ils ont formé une
« association commerciale, et *ils ont demandé à Votre Excellence à*
« *être seuls autorisés à exploiter les sables de la forêt à un prix*
« *convenu, pendant 10 ou 15 ans.* — Votre administration a refusé de
« faire droit à cette demande, mais *M. l'inspecteur de la forêt a alors*
« *demandé, en vue, disait-il, d'augmenter les revenus de Sa Majesté,*
« *que la vente des sables fût mise en adjudication, pensant que, par*
« *cette mesure, on parviendrait à masquer la spéculation* que les
« associés s'étaient *proposée.* D'un autre côté, les associés ont fait
« voyager en Angleterre, en Allemagne, où ils sont parvenus, à l'aide
« de leur concession exclusive des sables de la forêt qu'ils ont dit avoir,
« à en placer *soixante-dix mille mètres cubes,* sans se préoccuper que,
« par cette énorme vente de la plus belle silice du monde, ils allaient
« donner à l'industrie verrière étrangère le moyen de rivaliser avec cette

« même industrie française, et même de la ruiner. Cette industrie fran-
« çaise est aujourd'hui la première de l'univers; ses produits s'élèvent
« à plus de 60 millions. A coup sûr, si cette adjudication, qui ne pourrait
« être que fictive, s'effectuait du 15 au 26 courant, comme l'annonce
« l'affiche émanée de votre ministère, Sa Majesté, qui est absente de
« Paris, en serait vivement frappée et peinée.

« Je suis convaincu que cette trame n'a pu être ourdie qu'à votre insu
« et que l'opération vous aura été présentée ainsi qu'à M. l'administra-
« teur des forêts de la couronne d'une manière déguisée. *J'ai eu l'hon-*
« *neur de voir M. l'administrateur général, qui a bien voulu me faire*
« *savoir qu'une réserve avait été faite pour toute la quantité de sable*
« *qui serait nécessaire à la fabrique de verrerie qui doit s'établir aux*
« *environs de Fontainebleau,* mais je crois cette réserve insuffisante et,
« dans tous les cas, elle ne peut empêcher le désastre dont est menacée
« l'industrie verrière de France. »

Voilà comment s'exprimait M. Corréard quand l'adjudication allait
avoir lieu, et on voit qu'il était préoccupé plutôt de l'intérêt général que
de son intérêt propre qui d'ailleurs se trouvait satisfait par la réserve
faite dans le cahier des charges à lui communiqué par M. Vicaire, en
faveur de la fabrique qui devait s'établir à Fontainebleau. Encore une
fois ne le perdez pas de vue; satisfait qu'il est par la réserve dont il lui a
été donné lecture, c'est le sentiment de l'intérêt public qui seul peut le
diriger et le déterminer à porter les faits à la connaissance de l'Empereur
lui-même, et il écrit à M. Mocquard pour le prier de faire parvenir son
Mémoire au chef de l'État.

Plus tard, lorsque paraît un avis portant que de nouvelles valeurs ne
pourront plus être cotées à la Bourse, M. Corréard considérant que l'autorisation qui lui a été accordée d'établir sa fabrique et d'organiser sa
compagnie est antérieure à cet avis, et persuadé qu'il ne peut avoir d'effet
rétroactif, s'adresse de nouveau à l'Empereur, le 24 avril 1856, et il reçoit de M. Mocquard la réponse suivante, à la date du 2 mai :

« Mon cher Corréard,

« Par ordre de l'Empereur, j'ai dû transmettre à l'examen de S. Ex.
« M. le ministre des finances la demande dans laquelle vous sollicitez
« l'autorisation de faire coter à la Bourse les actions de votre société.

« Mille compliments sincères.

« Signé Mocquard. »

Ces termes, pour le dire en passant, indiquent assez le cas que fait de mon client M. le secrétaire particulier et chef du cabinet de l'Empereur. Je poursuis cet exposé et je tiens à préciser des dates.

M. Corréard vient à Fontainebleau le lundi 23 avril 1855 (l'adjudication devait avoir lieu le 26). Il examine le cahier des charges, on lui demande ce qu'il en pense. Il répond qu'il le trouve détestable et désastreux pour ceux qui voudraient établir des verreries, puisqu'il ne contient aucune réserve; que du reste il n'est pas conforme au cahier des charges de Paris. On court chercher M. Leclerc, qui veut avoir des explications de M. Corréard. Celui-ci refuse nettement d'en donner (1). M. Vicaire l'avait fait appeler, et sur ses observations M. l'administrateur change la rédaction et écrit de sa propre main sur le cahier des charges la réserve, au profit de M. Corréard, *de prélever* les sables dont il pourra avoir besoin.

Voilà ce qu'affirme mon client, et si je vous ai tout à l'heure raconté sa vie, c'est pour vous faire juges du cas qu'il faut faire de sa parole. Je me hâte d'ajouter que j'ai été fort surpris quand j'ai entendu M. l'avocat impérial s'étonner et qualifier d'exorbitante la concession faite à M. Corréard, comme si un tel homme dont je vous ai dit les travaux et qui a subi tant de persécutions pour la cause napoléonienne qui prévaut aujourd'hui n'avait pas le droit de demander qu'on lui accordât un droit bien restreint, en vérité, car il ne demande pas à être affranchi du *paiement* des sables qui lui seront nécessaires; il n'a jamais rien voulu ni rien dit de pareil dans ce malheureux prospectus, qui mentionne simplement que M. Corréard est autorisé *à prélever* des sables de la forêt *avant tous autres.*

Cette rédaction est mauvaise, elle implique, je l'ai déjà dit, un pléonasme et suffirait à prouver que la rédaction du prospectus n'est pas le fait de M. Corréard, qui écrit clairement et techniquement, ses nombreux travaux le prouvent. Je suis le premier à reconnaître qu'il eût été plus simple, plus correct de dire, sans ajouter avant tous autres, on m'a autorisé à prélever les sables qui me seront nécessaires.

On pourrait faire remarquer, quoique la prévention n'ait rien dit sur ce point, qu'il aurait été plus simple que M. Corréard soumissionnât

1. Ces explications ont eu lieu en présence de M. Morette, concessionnaire de la minière de sable blanc dite du Calvaire, et de cinq à six autres personnes dont les noms nous sont inconnus.

l'exploitation de ces sables auxquels il attache tant de prix? Je réponds à cette objection possible : La fabrique de M. Corréard n'existait pas encore, l'autorisation n'était pas accordée, tel événement pouvait surgir qui retardât la mise en œuvre de son projet, c'est pour cela que sans devenir concessionnaire, il disait : Si ma fabrique s'élève, je prendrai les sables dont j'aurai besoin, sinon je vous remercierai de votre bon vouloir; mais je n'en profiterai pas. C'est pour cela que tout en critiquant ce qui se passe pour la vente des sables à l'étranger, M. Corréard écrit à M. le ministre : *M. l'administrateur a bien voulu me faire savoir qu'une réserve avait été faite pour toute la quantité de sable qui serait nécessaire à la fabrique de verrerie qui va s'établir.*

Comment aurait-il écrit cette phrase, qui n'est pas une phrase de prospectus, s'il n'avait point été appelé dans le cabinet de M. l'administrateur général? — A vos dénégations à cet égard, je réponds : *Pourquoi ne nous produit-on pas le cahier des charges, où cette mention est faite?*

Mais M. Vicaire, sous prétexte qu'il est retenu à Paris par ses fonctions, n'a pas cru devoir se présenter à l'audience; il n'a pas cru devoir envoyer non plus la minute du cahier des charges que nous lui demandions. M. Leclerc, qui n'est pas animé à l'égard de M. Corréard d'une grande bienveillance....

M. Leclerc, témoin : C'est faux!

Me Avond, vivement. Je ne vous reconnais pas le droit de m'interrompre, surtout avec ce ton peu parlementaire; tout à l'heure je démontrerai l'exactitude de mon assertion.

Je disais que cette minute n'a point été envoyée, et j'allais ajouter que c'est à tort que M. Leclerc déclare que c'est à sa sollicitation qu'une réserve générale a été faite pour les fabriques employant du sable, qui viendraient à s'établir dans le voisinage de la forêt de Fontainebleau (1).

C'est là un point que la présence de M. Vicaire nous aurait permis d'éclaircir.

---

1. Mais la démonstration du contraire résulte des dates mêmes des divers cahiers des charges, celui de M. Leclerc était daté du 13 avril, et ne contenait aucune réserve; celui de M. Vicaire comprenait une réserve pour M. Corréard et pour d'autres verreries. Le troisième cahier des charges, celui qui est seul avoué aujourd'hui par MM. Leclerc et Vicaire, ne parle plus que d'une réserve en quelque sorte évasive.

Quoi qu'il en soit, pendant que M. Corréard, se préoccupant de la concession des sables et de la rédaction du cahier des charges, lisait d'abord une première rédaction qu'il trouvait détestable, recevait communication d'une seconde qui consacrait tous les droits éventuels qui deviendraient importants le jour où la fabrique fonctionnerait; pendant que préoccupé de l'avenir en France de cette industrie verrière dont il a étudié avec soin dans ces derniers temps l'état actuel, les ressources et les améliorations dont il était susceptible, il s'occupait aussi avec un esprit de suite très-soutenu d'obtenir de l'administration son autorisation et de jeter sur le papier les bases de sa compagnie, de sa constitution, de son conseil de surveillance et de son capital. Tels étaient les intérêts multiples qu'il menait de front à la date du 21 avril 1855.

M. le préfet de Seine-et-Marne l'autorise enfin à établir dans sa propriété une fabrique de glaces et produits chimiques et lui impose la condition de se pourvoir auprès de la liste civile afin d'obtenir, s'il y a lieu, l'autorisation du gouvernement exigée par les articles 151 et suivants du Code forestier.

Le 16 juillet suivant M. Corréard s'adresse à M. le ministre d'État de la maison de l'Empereur et vous allez voir, Messieurs, à quelles conditions vraiment surprenantes et qu'il a eu tort d'accepter, l'autorisation qu'il demande lui est accordée.

A la date du 3 octobre 1855 M. Leclerc lui écrit :

« Monsieur,

« Je vous préviens que sur ma proposition et celle de M. l'administrateur général, Son Excellence le ministre d'État et de la maison de « l'Empereur vous a, par décision du 29 septembre dernier, autorisé à « établir dans votre propriété des Basses-Loges une usine telle qu'elle « est désignée dans l'arrêté de M. le préfet de Seine-et-Marne en date « du 23 avril 1855.

« Cette autorisation vous est accordée aux conditions suivantes :

« 1° De reconnaître par un acte authentique dressé à vos frais par « M. Gouttry, notaire de la liste civile, à Fontainebleau, et dont deux « expéditions seront fournies à l'administration, que l'autorisation dont « il s'agit ici est de pure tolérance et pourra toujours être révoquée par « la liste civile et sans indemnité.

« 2° L'autorisation n'étant accordée qu'en vue de l'établissement pro-

« jeté par vous, serait de plein droit révoquée si vous donniez à votre
« propriété une autre destination.

« 3° En cas de révocation, de démolir à la première réquisition qui
« vous en sera faite, les constructions qui se trouveraient à distance
« prohibée et de rétablir les lieux dans leur état primitif, le tout à vos
« frais.

« 4° De souffrir, à toute heure du jour et de nuit, la visite des pré-
« posés forestiers sans l'assistance d'un officier public, pourvu qu'ils
« soient au nombre de deux au moins, ou un seul assisté de deux témoins
« domiciliés dans la commune.

« 5° De ne pouvoir établir dans les murs des bâtiments joignant le
« jardin du garde aucune ouverture de quelque nature que ce soit.

« 6° Enfin de se soumettre à toutes les prescriptions du Code forestier
« sur la matière.

Signé « L'inspecteur des forêts de la couronne,

« A. LECLERC. »

Telles sont, Messieurs, les conditions cette fois véritablement exorbitantes que l'on impose à M. Corréard. L'acte exigé se passe le 6 octobre ;
mais ce n'est pas tout : quelques jours après, M. l'inspecteur écrit à
M. Corréard la lettre que voici, et qui me donne, certes, le droit de dire
que les sentiments de M. Leclerc ne sont pas dictés par une très-grande
bienveillance. Voici la lettre de M. Leclerc :

« Fontainebleau, 21 décembre 1855.

« MONSIEUR,

« M. l'administrateur général m'écrit, à la date du 10 de ce mois,
« d'avoir à vous mettre en demeure : 1° de replacer sur la route de Bour-
« gogne, dans le plus bref délai, la borne délimitative que vous avez
« fait arracher et de reboucher en outre la porte que vous avez ouverte
« en son lieu et place.

« 2° Et d'acquitter les droits de mitoyenneté et de surcharge que vous
« devez à la liste civile pour constructions appuyées sur les murs de
« gauche et de droite du poste forestier des Basses-Loges.

« M. l'administrateur général me charge de vous dire en outre que,
« dans le cas où vous vous y refuseriez amiablement, dans le délai d'un

« mois à partir de ce jour, il se verrait contraint, mais bien à son grand
« regret, de se pourvoir judiciairement.

« Recevez, etc.
> « L'inspecteur des forêts de la couronne,
> *Signé* « LECLERC. »

Au sujet de cette borne, il n'est pas sans intérêt de faire connaître ici
que M. de Montalivet, dans un autre temps et après cinq minutes d'en-
tretien, avait autorisé M. Corréard à enlever cette borne qui le gênait
dans son exploitation et dont, depuis lors, on n'avait pas songé à demander le rétablissement.

La révolution de février arrive après cette autorisation et ne permet
pas de régulariser l'opération du déplacement de la borne, ainsi qu'il
avait été convenu avec M. Lécuyer, expert de la liste civile, qui devait
présider à ce changement. M. Corréard enlève seul la borne et M. Leclerc
fait dresser procès-verbal, il dirige des poursuites contre M. Corréard,
qu'il fait condamner à 50 francs d'amende, malgré l'opinion favorable du
magistrat du parquet qui, à Melun, avait conclu en faveur de M. Corréard.

Ce n'est pas la seule chicane que M. Leclerc ait faite à mon client ;
M. l'inspecteur des forêts, prétendant que le terrain de l'ancienne route
de Bourgogne a été acquis à la liste civile, a sommé tous les propriétaires
ayant des portes sur cette route d'avoir à les boucher, ou de payer un
droit de 30 fr. Mais M. Corréard, persuadé que cette route fait toujours
partie du domaine public, n'a jamais voulu obtempérer aux réquisitions
de M. l'inspecteur. La raison qu'il en donne est précieuse à recueillir :
lui ou ses auteurs sont en jouissance de cette route depuis 546 ans.

Si j'ai dit un mot de ces faits étrangers au procès, c'est pour édifier la
religion du tribunal sur l'étrange bienveillance de M. Leclerc pour mon
client, de M. Leclerc qui a joué dans tout ce procès un rôle si important.

J'aurais voulu rendre mon exposé plus rapide et dégager la discussion
de toutes ces pièces qu'il m'a été impossible de lire en entier, mais dont
il convenait de vous dire la nomenclature, les dates et l'objet ; si je ne
m'abuse, cette partie de ma plaidoirie était nécessaire pour vous montrer jusqu'à la dernière évidence que M. Corréard n'a point fait, comme
cela résulte de l'ensemble de la prévention, un appel au public alors que
rien de sérieux n'aurait existé pour son établissement des Basses-Loges.

Vous avez maintenant la conviction qu'alors qu'il réclamait une réserve pour sa fabrique, il sollicitait avec une patience infatigable l'autorisation d'ouvrir cette manufacture et cherchait à rendre possible la formation de sa compagnie.

Au demeurant, tout est sérieux de sa part, et il ne peut se reprocher qu'une chose, c'est d'avoir arrêté trop vite les termes de son prospectus et de les avoir fait rédiger par quelqu'un qui, au lieu de deux mots, les deux mots propres, a employé deux équivalents; mais, au fond, la loyauté de M. Corréard est si complète, que je retrouve dans un Mémoire, imprimé et distribué avec profusion, l'exposé, cette fois très-exact et très-complet, de tout ce que compte faire M. Corréard (1). Dans cet écrit, à propos du barrage mobile, trois hypothèses sont posées et discutées, les trois qui, par erreur, se trouvent réduites à une seule dans le prospectus : 1° convient-il que M. Corréard exécute ce barrage avec l'État et la liste civile? 2° faut-il renoncer à la coopération de la liste civile et ne compter que sur l'État, qui étudie la question depuis long-temps? 3° enfin la Compagnie seule doit-elle entreprendre ces travaux? — Voilà, je le répète, les trois hypothèses prévues dans un Mémoire qui a eu une grande publicité.

Je sais bien que la prévention répond : Qu'importe votre Mémoire d'origine contemporaine du procès? autre chose reste contre vous, c'est votre prospectus.

Le moment est donc venu de discuter en fait la prévention. Plus loin, je dirai un mot du droit.

On me reproche d'avoir écrit: 1° Fontainebleau offre la silice ou le sable blanc le plus beau du monde, et dont nous sommes autorisés par le ministre de la maison de l'Empereur *à prélever* (c'est là le mot incriminé) au profit de notre fabrique toute la quantité dont nous pourrons avoir besoin.....

2° Le chemin de fer est à 500 mètres et la Seine à 700 mètres, c'est là que *sera* (verbe incriminé) établi, à frais communs entre l'État, la liste civile et notre Compagnie un barrage éclusé...

On me reproche encore, et c'est la synthèse de ces deux points reproduits à la fin du prospectus, d'avoir terminé mon exposé imprimé par

---

¹ Ces Mémoire à l'appui du projet de barrage avec tous les plans, nivellements, se sont soumis aux enquêtes depuis le 10 juin 1856.

ces deux lignes : « Les avantages de la fabrique sont doublement assurés
« par l'économie de 40 p. 0/0 que présentent les appareils et les sys-
« tèmes nouveaux de chauffage des ingénieurs de la Compagnie, par les
« matières premières et le combustible de Fontainebleau ; en outre (ceci
« est le résumé incriminé) par la concession que la liste civile a faite à
« M. Corréard, *de prélever dans la forêt, avant tous autres*, tous les
« sables dont il pourra avoir besoin pour la future fabrique, et plus
« encore par une force hydraulique de 400 chevaux à vapeur. »

Pour résumer encore davantage cette double prévention, je dirai
qu'on me reproche, en parlant des sables, d'avoir employé le verbe
prélever au lieu du verbe *prendre*, et d'avoir, à propos du barrage
mobile, écrit : un barrage *sera* établi pour *serait* établi.....

Discutons un à un ces deux griefs : puisque la prévention nous fait
des procès pour des mots, j'allais presque dire puisqu'elle nous fait des
querelles de mots, elle devrait bien employer rigoureusement et systématiquement les mots propres ; or, M. l'avocat impérial nous a reproché
dix fois dans son réquisitoire de nous être vantés d'avoir un droit
exclusif....., *exclusif*, entendez-vous bien, Messieurs ; je ne sais pas en
vérité où la prévention a découvert cela. Le mot exclusif veut dire que
seul on aura un droit, que ce droit exclut tous les autres ; il veut dire
qu'on a un privilége, et que seul on bénéficiera de ses conséquences ;
voilà la définition du mot exclusif ; tous les dictionnaires le procla-
meront à ma place. — Ai-je rien écrit ou dit de pareil ? Absolument
rien. — Rayez donc de votre réquisitoire, M. l'avocat impérial, ce mot
auquel vous tenez tant, et que je n'ai jamais employé. Et mon prospectus, dégagé de ce mot et de cette prétention, restera tel qu'il est.
— J'ai écrit, ou on a écrit pour moi, mais peu importe : « Nous
« sommes autorisés par le ministre de la maison de l'Empereur *à pré-*
« *lever* toute la quantité de sable nécessaire. » — Voilà ce que j'ai écrit.

Quelle était en réalité la situation, et qu'aurais-je dû écrire ?

On se rappelle les faits, et Dieu me garde de les reproduire même
pour mémoire. — Un cahier des charges est arrêté ; on me le montre ;
je réponds qu'il rend impossible l'établissement de ma fabrique..... On
corrige l'article 10, cet article relatif à la réserve faite en ma faveur,
et on me montre un nouvel article amendé corrigé devant moi. — Cet
article porte que je serai autorisé *à prélever* le sable qui me sera nécessaire. — Je me déclare satisfait, je l'écris à M. le ministre de la maison

de l'Empereur, et je fais mon prospectus, considérant comme définitive cette rédaction. Mais par une raison ou par une autre, l'administration se ravise, et on fait une troisième rédaction; la dernière rédaction, celle dont on se sert pour les besoins du procès actuel, et qui se borne à faire cette mention : « L'administration s'engage à ne pas concéder de nou- « velles sablières pendant six ans, hormis dans le cas où il viendrait à « s'établir de nouvelles usines dans le voisinage de la forêt employant « du sable à verrerie. » M. Corréard *déclare* qu'il a ignoré toujours cette dernière rédaction. — Il n'en connaissait que deux : celle montrée au public dès le principe, et celle remaniée après son entrevue avec M. Vicaire.

Voilà ce qu'affirme mon client, ce qu'il déclare de la manière la plus solennelle, lui homme d'honneur s'il en fut. — Si vous tenez pour vraie cette déclaration, rien n'est plus facile à expliquer que le premier passage incriminé du prospectus.

Mais, dit l'administration de la liste civile, nous méritons, nous aussi, toute confiance, et nous protestons contre cet exposé. — Il n'y a jamais eu que deux rédactions : la première, dont il n'est plus question, et la seconde, qui a été, en effet, communiquée à M. Corréard. et qui est la rédaction actuellement produite, celle qui fait des réserves en faveur des fabriques qui viendraient à s'établir. — Cette rédaction n'accorde aucun droit de prélèvement; elle admet seulement au bénéfice des compagnies concessionnaires les nouvelles verreries qui s'établiraient dans la forêt.

Admettons que les choses se sont ainsi passées, — ce contre quoi proteste à son tour M. Corréard. Mais enfin, admettons-le; que reste-t-il? M. Corréard aurait dû mettre dans son prospectus : « Quand ma fabrique « sera ouverte, j'aurai le droit *de prendre* dans la forêt du sable aux « mêmes conditions que les compagnies concessionnaires, » au lieu de dire : « J'aurai le droit *de prélever*. » — Je défie qu'on donne à ce premier grief une autre portée et une autre importance, et vous allez voir que c'est là un procès bien étrange, et qui nous ramène à ces vieilles distinctions scolastiques qui ont tant égayé nos grands écrivains comiques. Nous voilà obligés de disserter sur la question de savoir s'il vaut mieux dire la forme ou la figure d'un chapeau, — et en le disant, je n'exagère rien. En effet, veuillez vous rappeler, c'est M. Leclerc lui-même qui l'a dit, que les sablières de la forêt sont à vrai dire inépuisables. Qu'importe dès lors que *je prenne* des sables avec d'autres personnes, ou que *je prélève* ces sables..... Cela n'a aucun intérêt.

Verriez-vous la moindre différence entre ces deux rédactions : tout le monde pourra puiser de l'eau à la rivière, et cette autre rédaction : tel ou tel puisera de l'eau à la rivière avant son voisin, alors qu'il n'y a rien d'exclusif dans ce droit, et qu'il est exercé aux mêmes conditions, moyennant les mêmes indemnités par tout le monde? Permettez-moi une autre comparaison un peu familière, mais que vous me pardonnerez : il y a dans le coin d'une forêt 50 arbres en tous points semblables, j'insiste sur ce mot, ils sont donnés à deux personnes par moitié, quel danger y aura-t-il pour la seconde dans le fait de la première qui prélèvera ses vingt-cinq arbres?

Encore une fois, ceci n'a aucune valeur. Il n'y a là aucun fait erroné, faux, mensonger, même en se plaçant au point de vue le plus restrictif de la version de la liste civile; il est encore plus impossible que vous voyiez là une publication de fausse nouvelle, et j'avoue que mon étonnement est sans limites quand je vois que pour la prévention il y a dans l'allégation de M. Corréard tout cela, et tout cela fait de mauvaise foi.

Réduisant les choses à leur plus simple expression, et résumant ces réflexions sur le premier grief, je dis que pour l'homme le plus scrupuleux sur la synonymie des mots, il n'y a dans tout ceci qu'une chose : M. Corréard aurait mieux rendu la situation, telle que l'a faite l'administration, en employant, pour rendre la même idée, le mot PRENDRE au lieu du mot PRÉLEVER.

J'arrive au deuxième grief. On dit : M. Corréard a annoncé comme un fait certain, accompli, qu'un barrage allait être établi sur la Seine, à frais communs, par l'État, la liste civile et M. Corréard. Cela n'est point vrai, c'est une pure allégation de M. Corréard.

Je réponds : M. Corréard regrette très-sincèrement, et il l'a réparé depuis dans de nouvelles publications, l'erreur de son prospectus, rédigé, imprimé trop vite. La personne chargée de cette rédaction devait mentionner les trois hypothèses dont j'ai parlé plus haut, elle l'a oublié, et sous le prétexe d'abréger, elle a eu le tort de perdre de vue la tournure hypothétique de la phrase et d'employer le mot SERA pour le mot SERAIT. C'est un tort, M. Corréard le regrette et l'a en partie réparé. Voilà la première réponse que je devais faire sur ce chef, au ministère public, mais là ne doit pas s'arrêter ma tâche.

Voyons l'importance vraie de cette erreur : — Elle est nulle! M. Corréard a-t-il absolument besoin de ce barrage mobile pour l'établissement de sa fabrique ? Non. — A-t-il intérêt à ce que l'État et la liste civile concourent à sa construction avec lui ? — Il vous répond, lui ingénieur, et c'est un fait technique facile à contrôler, il vous dit : J'ai intérêt à établir seul ce barrage, parce que seul j'en bénéficierai ; et quand j'ai parlé de l'État, c'est que je sais que l'État s'est plusieurs fois préoccupé de cette question ; et quand j'ai parlé de la liste civile, c'est que je savais que la liste civile en retirerait des avantages énormes pour le parc de Fontainebleau, avantages bien supérieurs à la charge qui résulterait pour elle de sa coopération. Donc en mettant l'État et la liste civile pour les deux tiers dans mon projet, j'entendais les associer à un avantage réel, incontestable. Voilà une seconde réponse à cette partie du réquisitoire du ministère public.

Il y a une troisième réponse à faire, et la voici :

La première condition du style, c'est assurément la clarté, et il est bon d'employer toujours des expressions vraies et nettes ; mais il y a malheureusement un vieil usage, fort en honneur parmi tous les ingénieurs et en général parmi tous ceux qui soumettent au public des combinaisons, des projets, des avant-projets, et qui sous-entendent trop qu'ils raisonnent dans des hypothèses. Ils devraient dire : à mon point de vue, selon moi, les choses pourraient donner tels résultats ; mais ils font autrement, et bannissant les circonlocutions et les périphrases, ils disent : Ceci aura lieu, cela sera fait, cette troisième chose se paiera de telle ou telle manière, les dividendes seront de tant, l'intérêt de l'argent rapportera tant, et ils parlent ainsi, alors qu'ils ne raisonnent qu'avec des vraisemblances et des suppositions. C'est un tort, je le veux bien, mais il ne faut pas le faire peser trop lourdement sur mon client. J'ai apporté des documents très-nombreux, généralement émanés de personnes très-connues, ce sont des tracés de chemins de fer, des projets pour les ports ou des projets pour l'industrie privée, et à chaque ligne je lis des choses comme celle-ci : le tracé passera par... ou bien l'État garantira un minimum d'intérêt de 4 p. 100... ou bien encore les travaux d'art seront exécutés par la Compagnie et les autres travaux par l'État. Ces projets ainsi conçus émanent souvent de compagnies très-respectables, et ont été répandus avec profusion dans le public. Je pourrai produire, entre autres documents de cette nature, plusieurs projets de M. Corréard qui concernent nos plus grandes lignes ferrées, lesquelles ont été entreprises sur ses plans et d'après tous ses travaux. Eh bien ! avant que ces plans, ces projets fussent devenus la chose des compagnies, le public pouvait lire des prospectus qui, substituant à l'hypothèse le fait certain, parlaient comme le prospectus de Fontainebleau.

Tous ceux qui se sont occupés sérieusement de grands travaux, tous ceux qui ont eu l'honneur de siéger dans les assemblées législatives, ou dans des conseils généraux, ou dans des conseils d'arrondissement ou municipaux, ont pu se convaincre de la vérité de ce qui précède.

Un mot, et j'en ai fini avec la question de fait.

M. Corréard a-t-il tiré un avantage quelconque de cette déclaration ? — Aucun.

Vous n'avez pas oublié qu'aucune action n'a été détachée de la souche, vous n'avez pas oublié davantage que cette allégation ne pouvait exercer, financièrement parlant, aucune influence sur son entreprise.

On n'a point prétendu que cette annonce pût compromettre l'État ou la liste civile, et on a bien fait ; car en vérité rien n'était plus inoffensif, plus naturel, plus moral que d'admettre que la liste civile avait autorisé *à prélever* ce qu'elle avait autorisé *à prendre !* Rien n'était plus simple aussi que de voir l'État et la liste civile s'associer pour un barrage utile à tout le monde, et vous ne le perdrez pas de vue dans les préventions de cette nature, ce qui éveille d'ordinaire la susceptibilité du parquet, ce qui préoccupe le tribunal ; c'est la portée que peut avoir la publication de la fausse nouvelle,... Elle peut attaquer sérieusement le gouvernement, sa moralité, sa sincérité (et c'est surtout le point de vue essentiel auquel s'est placé l'auteur des décrets de 1852), elle peut déconsidérer au moins en apparence l'administration, elle peut ruiner de grands établissements, elle peut provoquer la hausse ou la baisse, elle peut ruiner les fortunes d'un grand nombre par l'annonce de faits faux et de nature à exercer une influence considérable sur les esprits. Enfin, et en général, la fausse nouvelle surtout, quand elle est publiée mensongèrement et de mauvaise foi, doit avoir pour mobile les plus odieux sentiments et pour but l'exploitation de projets plus mauvais encore. En bonne conscience, trouvez-vous quelques-uns de ces caractères dans la publication de M. Corréard ? — Y trouvez-vous et pouvez-vous vous dire qu'il faille y retenir contre lui les caractères du délit qui lui est reproché ?

On nous poursuit en vertu d'un décret de février 1852 qui émane seulement de la volonté de M. de Maupas, alors ministre de la police. Il n'a été ni discuté ni voté par les chambres. Je ne dis pas cela pour enlever à ce décret l'autorité qu'il a; seulement, j'ai voulu montrer son origine et faire remarquer en passant qu'il était issu d'une volonté individuelle, qu'il avait pour date un moment de révolution, le lendemain du coup d'état, et qu'il avait surtout pour objet les nouvelles politiques.

La loi de 1849, rendue alors que la société venait d'être fortement ébranlée et avait considérablement souffert, punissait la publication de fausses nouvelles, mais il fallait à la fois que cette publication *fût faite de mauvaise foi et qu'elle fût de nature à troubler la paix publique.* Cette loi était considérée à cette époque comme très-sévère; cependant les dispositions du décret de février 1852 le sont encore davantage.

Le premier paragraphe porte : « La publication ou la reproduction de « fausses nouvelles, de pièces fabriquées, falsifiées ou mensongèrement « attribuées à des tiers, sera punie d'une amende de 50 à 1,000 fr. »

Le deuxième paragraphe dit : « Si la publication ou la reproduction « est faite de mauvaise foi, ou si elle était de nature à troubler la paix « publique, la peine sera d'un mois à un an d'emprisonnement et d'une « amende de 500 à 1,000 fr. »

C'est ce paragraphe 2 qui a été visé dans les réquisitoires du ministère public. Y a-t-il eu mauvaise foi? J'ai déjà établi le contraire. Resterait le délit dont parle le paragraphe 1ᵉʳ, si on veut absolument trouver un délit; mais ce délit, cela résulte des circulaires du ministre de la police lui-même, était surtout et je puis dire absolument créé pour les journaux.

En résumé ce décret très-sévère, presque exceptionnel, fait en vue des journaux et des dangers possibles pour un gouvernement nouveau, d'annonces politiques mensongèrement faites, doit être appliqué, à cause même de son caractère et de son introduction dans nos codes, avec une extrême réserve et lorsqu'il s'agit de cas très-graves.

Je n'en veux pas dire davantage sur ce point délicat.

En terminant, je pourrais faire à mon client une situation très-brillante en faisant connaître les travaux auxquels il s'est livré pour apprécier les quantités de sable contenues dans la forêt et que les agents forestiers évaluent seulement à 45,000 mètres cubes. M. Corréard les estime, lui, à plusieurs millions de mètres cubes. Je me bornerai à dire, d'après des calculs très-bien établis et que j'ai entre les mains, que les trafiquants de sable ont gagné des sommes folles, en réalisant 20 fr. 13 c.

de bénéfices par mètre cube (1). Si donc la manufacture de glaces s'établit, et a le droit de se passer d'eux en payant son sable directement à l'administration de la couronne, elle diminuera d'autant la quantité dont les concessionnaires pourraient disposer, cette considération peut expliquer bien des choses et faire voir que certaines personnes, pour empêcher l'établissement de la verrerie, avaient un intérêt immense à calomnier M. Corréard et à le présenter comme insolvable, lui qui possède, comme je l'ai dit en commençant, une propriété évaluée 150,000 fr., qui jouit de 10,000 fr. de rente, et à qui l'État, y compris les intérêts, doit une autre somme de 155,000 fr., qui va lui être bientôt payée, et qui, si elle

1. Nous avons entre les mains un marché passé entre un batelier de Lyon et le directeur de la verrerie de la Guillotière, qui prouve que depuis longtemps le sable blanc de Fontainebleau se vend fort cher.

Le rapport de M. l'administrateur des domaines à M. le ministre de la maison de l'empereur, du mois de juin 1856, dit, que les sablières de Fontainebleau *exploitées par des concessionnaires auxquels l'administration ne faisait payer que des* REDE- VANCES INSIGNIFIANTES (25 c. par mètre), *mais que les offres faites par l'un d'eux ayant éveillé son attention, elle a cru devoir faire étudier cette question.*

Ce rapport prouve qu'il a fallu 20 ans à M. l'inspecteur de la forêt pour éveiller sa sollicitude en faveur *des intérêts de la liste civile;* et que sans l'éveil donné par l'un des concessionnaires habituels, les sables se vendraient encore comme par le passé, à vil prix, dans la forêt de Fontainebleau.

PRIX DU MÈTRE CUBE.

Redevance, prix moyen des trois sablières..........	1 fr.	72 c.
Extraction, Id. Id.............	1	25
Transport sur le port de Valvin. Id.............	3	»
Droit de port. Id.............	0	45
Prix de revient....	6	12

PRIX DE REVIENT D'UN MÈTRE CUBE RENDU A LYON
D'APRÈS LE MARCHÉ QUE NOUS AVONS ENTRE LES MAINS.

Le prix du transport d'une tonne ou de 1,000 kilog., de Valvin à Lyon, est de 25 fr.; le mètre cube, pèse 1,500 kilos, ce qui porte le prix du transport du mètre cube de Valvin à Lyon à...................... 37 fr. 50 c.

Prix de revient du mètre cube rendu à Lyon................. 43 62

Prix de vente d'une tonne de silice rendu à Lyon, 42 fr. 50 c., ou le mètre cube...................... 63 75

Bénéfice net par mètre cube...................... 20 13

Or, Messieurs les agents forestiers estiment le contenu des trois sablières, concédées pour six ans à 45,000 mètres cubes, ce qui, en cas de vente d'après les prix qui précèdent, produira un bénéfice net de 900,000 fr., ou une somme annuelle de 159,000 fr. que les concessionnaires auront à partager.

était en sa possession, l'aurait peut-être déterminé à vivre tranquille au milieu de cette majestueuse et vivace forêt de Fontainebleau, au sein même de sa charmante propriété.

N'oubliez pas, Messieurs, que l'homme que vous allez juger vous présente avec orgueil sa vie entière comme exemple de la loyauté de ses sentiments, de la délicatesse de sa conduite. Dans toutes les carrières qu'il a parcourues il a mérité et rencontré l'estime et l'affection des hommes les plus considérables du pays. Comme soldat, comme industriel, comme ingénieur, comme publiciste, sa devise est toujours la même : « Loyauté! amour de la patrie! » A toutes les époques, en 1824 comme en 1856, il est le même homme, et sa conscience est restée inébranlablement pure au milieu de cet effroyable pêle-mêle de tant de capitaux sérieux mêlés à tant de capitaux fictifs, de tant de sociétés utiles et honnêtes à tant de sociétés d'aventure. Il pourrait s'appeler à bon droit un vétéran de la vieille garde, permettez-moi de l'appeler un vétéran de l'honneur.

M. l'avocat impérial. Messieurs, l'honorable défenseur de M. Corréard s'est attaché à justifier les faits avancés par ce dernier. D'un autre côté, vous avez entendu la lettre de M. Vicaire. Vous aurez en conséquence à vous prononcer entre les assertions de ce dernier et celles de M. Corréard.

Quant à nous, nous maintenons que Corréard a avancé des faits inexacts, qu'il a cherché à capter par un mensonge la confiance publique et qu'il doit porter la peine de ses publications mensongères.

Corréard avait demandé le droit exclusif de prendre dans la forêt le sable dont il pourrait avoir besoin pour sa fabrique; mais l'administration n'a pas cru devoir lui concéder un privilége aussi exorbitant. Elle a fait insérer dans l'article 11 la réserve que vous connaissez et qui est due, quoi qu'en dise M. Corréard, à l'initiative de M. l'inspecteur des forêts, ainsi qu'il vous l'a déclaré lui-même tout à l'heure. Mais il y a loin de cette réserve au droit exclusif que, dans son prospectus, Corréard se targue faussement, mais systématiquement d'avoir obtenue.

Quant au barrage, il est parfaitement reconnu qu'il n'en a jamais été question entre M. l'administrateur de la liste civile et M. Corréard. C'est donc un fait faux, erroné qu'il a avancé (1).

1. M. l'avocat impérial persiste à croire et à répéter que M. Corréard est de mau-

On a dit que M. l'inspecteur des forêts était hostile à M. Corréard. Mais pourquoi cette hostilité? sur quels motifs reposerait-elle? C'est ce que l'on n'a pu établir.

L'honorable défenseur, en discutant le point de droit, vous a dit que le décret dont nous avons demandé l'application n'était qu'un décret, que ce n'était pas une loi, et il en a combattu l'application; mais il aurait dû se rappeler que ce décret de février 1852 avait été appliqué dans diverses circonstances, qu'il était toujours applicable. Si donc les faits de la prévention paraissent au tribunal aussi bien prouvés qu'ils le sont à nos yeux, il n'hésitera pas, et nous requerrons qu'il lui plaise de maintenir la condamnation prononcée contre Corréard.

M⁹ Avond. Messieurs les juges, permettez-moi de répondre un seul mot à M. l'avocat impérial, qui s'est donné tout à l'heure une peine bien inutile en discutant la validité du décret du 17 février 1852.

vaise foi : or, voici qui prouve le contraire, et qui établit d'une manière certaine qu'il était de bonne foi.

1° L'arrêté de M. le préfet du 23 avril 1855, lui accorde l'autorisation de construire sa fabrique;

2° Par sa lettre du 6 novembre 1854, le ministre de la maison de l'Empereur avait donné son approbation à l'exécution du projet;

3° Le 21 avril 1855, il écrivait au ministre de la maison de l'Empereur, et dans sa lettre, on remarque le passage suivant : *J'ai eu l'honneur de voir M. l'administrateur général (M. Vicaire), qui a bien voulu me faire savoir qu'une réserve avait été faite pour toute la quantité de sable qui serait nécessaire à la fabrique de verrerie qui doit s'établir aux environs de Fontainebleau;*

4° M. Corréard demande, le 1ᵉʳ septembre 1855, à M. le ministre, l'autorisation de construire sa fabrique, bien qu'il n'en eût pas besoin aux termes de l'article 156 du Code forestier;

5° Le 6 octobre, M. Corréard signe un acte passé chez M. Gaultry, notaire à Fontainebleau, par lequel on lui impose indûment l'obligation de démolir sa fabrique à la première réquisition qui lui sera faite par l'administration et à ses frais, sans pouvoir réclamer une indemnité, etc. Cette usine doit coûter *cinq millions en frais de construction;*

6° M. Corréard écrit, le 2 avril 1856, à M. le préfet de Seine-et-Marne, et lui parle toujours suivant le langage adopté par les ingénieurs. *Un barrage sera établi sur la Seine à Saint-Aubin, à 700 mètres du centre des établissements. Ce barrage sera construit à frais communs entre l'État, la liste civile et notre Compagnie;*

7° M. Corréard écrit à Sa Majesté l'empereur le 24 avril 1856 : *Votre Majesté a daigné m'accorder par décision du 29 septembre 1855, l'autorisation d'établir près Fontainebleau, une fabrique de glaces, etc., telle qu'elle est désignée dans l'arrêté de M. le préfet de Seine-et-Marne du 23 avril 1855, ainsi que la faveur de prélever dans la forêt les sables qui me seront nécessaires pour alimenter la fabrique.*

Voilà qui montre et prouve sa bonne foi.

Je n'ai jamais soutenu que ce décret n'eût pas force de loi. Je m'étais seulement permis de rappeler les fait et les circonstances qui ont précédé sa publication.

J'ai dit en effet qu'avant 1849 aucune loi ne punissait la publication de fausses nouvelles. Il y avait à cet égard silence complet de la loi.

En 1849, de graves événements s'étaient passés; on crut qu'il était nécessaire d'apporter certaines entraves aux publications en général, et une loi fut votée par l'Assemblée législative.

Est-il besoin de répéter que cette loi punissait la publication des fausses nouvelles; mais il fallait que la nouvelle fût mensongère, faite de mauvaise foi et de nature à troubler la paix publique. Il fallait toutes ces circonstances réunies pour entraîner une condamnation.

En 1852, après un coup d'État qui était une révolution complète, on peut bien le dire, on pensa que la loi de 1849 ne suffisait plus, qu'il fallait y ajouter encore de nouvelles dispositions : c'est alors que parut le décret de 1852, qui est l'œuvre de M. le ministre de la police d'alors.

Par ce décret, toute publication de fausses nouvelles, même faite de bonne foi, est punissable. Plusieurs arrêts l'ont ainsi décidé.

La circulaire de M. le ministre de la police, qui accompagnait le décret, dit que les dispositions nouvelles de ce décret ont pour but d'imposer aux journaux plus de circonspection dans le choix et la publication des nouvelles, lors même qu'elles ne seraient pas de nature à troubler la paix publique.

C'est donc aux journaux que s'appliquent les dispositions du premier paragraphe de l'article 15 du décret de 1852. Je n'ai jamais prétendu que ce décret ne devait pas recevoir d'application. Je reconnais également qu'il s'applique à la publication de fausses nouvelles commise par toute autre voie que celle de la presse.

Cela résulte du deuxième paragraphe; mais il faut, dans ce cas, que la publication ait été faite de mauvaise foi, ou soit de nature à troubler la paix publique; or, rien de semblable n'a lieu dans les faits reprochés à M. Corréard. C'est pour cela que j'ai dit et que je soutiens que le deuxième paragraphe du décret n'est pas applicable.

Voilà ma réponse en droit; elle est courte. Si maintenant je rentre dans l'examen des faits, ma réponse ne sera pas moins péremptoire.

M. l'avocat impérial s'est arrêté à une idée fixe qui a fait les plus grands frais de son argumentation : il a raisonné dans cette hypothèse que nous aurions annoncé avoir obtenu un PRIVILÉGE EXCLUSIF. — Le prospectus ne dit rien de semblable; il ne parle absolument que de ce qui nous a été accordé, à savoir : *le droit de prélever la quantité de sable dont nous pourrions avoir besoin pour notre fabrique.* C'est ce que nous avions demandé, et nous étions si bien convaincus que cette concession nous était faite, que nous remercions M. le ministre de la maison de l'Empereur dans notre lettre du 21 avril 1855, et l'Empereur dans celle du 24 mai 1856.

Ne perdez pas de vue ces faits, Messieurs; rappelez-vous surtout cette lettre du 21 avril écrite par M. Corréard, et dans laquelle il annonce à M. le ministre qu'il est satisfait en ce qui le touche, — on l'a autorisé à prélever des sables. — Puisque M. Vicaire et M. Leclerc affirment que la rédaction dans laquelle figure le mot prélever n'a jamais existé, ou a été mal comprise, pourquoi M. Vicaire ne fait-il pas écrire sur l'heure à M. Corréard pour rectifier ses idées? — On aurait pu lui dire : vous avez mal compris ou mal retenu les termes de l'article 10 du cahier des charges; il n'est pas question de *prélever*, il est question de *prendre.....* Rien n'était plus facile et plus équitable que cette rectification. Eh bien, non. M. Vicaire garde le silence, M. Leclerc garde le silence, et pourtant la lettre est communiquée à M. Vicaire; — elle figure aux pièces, et prouve la vérité de mes assertions. Reproduisez donc le cahier des charges que nous vous demandons depuis huit jours. — Voulez-vous que nous décrivions l'exemplaire qui nous a été communiqué : il est sur grand papier, et l'annotation qui nous concerne était écrite de la main même de M. Vicaire. Pourquoi ne le communique-t-on pas au tribunal? Pourquoi M. Vicaire ne juge-t-il pas à propos de se présenter?

Nous répétons qu'il y a eu trois rédactions; vous dites qu'il n'y en a eu que deux; — le tribunal appréciera. — Il y a plus : j'ai accepté votre déclaration, j'ai raisonné à ce point de vue, et je vous ai prouvé, je le crois, du moins, que, même à ce point de vue, nous avons *le droit de prendre la quantité de sable qui nous sera nécessaire.* — *Que nous la prélevions ou que nous la prenions avant ou en même temps que d'autres,* cela est médiocrement intéressant; nous avons le droit de prendre du sable, nous n'avons pas dit autre chose, nous l'avons dit de bonne foi; donc, le paragraphe 2 de l'article 15 du décret du 17 février 1852 ne nous est pas applicable.

Ah! si nous avions dit que nous avions SEUL, EXCLUSIVEMENT, le droit de prendre du sable, ou si nous avions dit que nous avions le droit de prendre le sable sans le payer, cela pourrait indiquer la mauvaise foi. Nous n'avons jamais rien dit de semblable. En ce qui touche le barrage, Il n'y a pas davantage mauvaise foi, car ce n'est qu'un projet. Les enquêtes viendront tout régulariser (1), et nous vous avons suffisamment démontré que dans les projets on dit l'État fera ceci, l'État fera cela, sans qu'on ait jamais songé à incriminer l'auteur d'un projet. Enfin nous n'avons causé aucun préjudice à personne.

Le barrage est à l'état de projet, et, ne l'oubliez pas, nous pouvons nous en passer et le remplacer par des machines à vapeur. Si M. Corréard en a parlé, c'est qu'il a cru que la liste civile n'hésiterait pas à accepter une chose plus avantageuse pour elle que pour lui.

Pour ne pas abuser plus longtemps de votre attention, je me résume une dernière fois, puisqu'on a rouvert le débat. M. Corréard a voulu fonder un grand établissement à Fontainebleau, il a obtenu de l'administration de la liste civile cette faculté. Il aurait pu se passer de cette tolérance, car l'article 156 du Code forestier porte que les maisons et usines qui font partie des villes, villages ou hameaux formant une population agglomérée n'ont besoin ni de l'autorisation ni de la tolérance de l'administration; mais enfin, dans un esprit de conciliation dont on lui a su bien peu de gré, il a demandé et obtenu cette autorisation. En même temps il cherchait à obtenir une réserve pour les sables et il l'obtenait. L'homme est sérieux et honorable, son entreprise est sérieuse et honorable. Irez-vous donc, parce qu'un mot insuffisamment exact ou deux mots se sont glissés dans cette rédaction, déclarer que cet homme est de mauvaise foi? Prenez garde! cet homme a glorieusement conquis ce ruban qui brille à sa boutonnière au service du pays, son corps a été criblé de blessures; depuis vingt-cinq ans il a été l'auteur et l'instigateur de nos plus beaux travaux, de nos voies ferrées les plus utiles; aucun acte, aucun fait ne peut démentir ou entamer une vie tout entière dévouée non-seulement au bien, mais aux meilleurs intérêts de son pays. Laissez-moi croire et espérer, Messieurs, que vous ouvrirez les yeux à cette lumière qui éclate de tous côtés pour démontrer victorieusement la loyauté des intentions de M. Corréard.

1. Par lettre du 30 juin, M. le ministre des travaux publics accuse réception à M. Corréard du projet qu'il lui a envoyé le 10, et lui annonce qu'il vient de l'envoyer aux enquêtes.

Le tribunal se retire pour délibérer et rend le jugement dont la teneur suit ;

« Reçoit Corréard opposant au jugement par défaut du 6 juin 1856 ;

« Et statuant contradictoirement :

« Attendu qu'il est constant que pendant les premiers mois de 1856 Corréard a répandu dans le public, à un grand nombre d'exemplaires, un prospectus annonçant la création d'une Société au capital de 20 millions, dont il prétendait être le directeur-gérant, et qui aurait pour objet la fabrication, près Fontainebleau, de glaces, cristaux, verreries, etc. ;

« Que dans ce prospectus Corréard affirme qu'il a obtenu du ministre de la maison de l'Empereur : 1° l'autorisation de prélever avant tous autres, dans la forêt de Fontainebleau, tout le sable dont il pourra avoir besoin pour sa fabrication ; 2° la concession d'une force hydraulique de 400 chevaux au moyen d'un barrage éclusé qui devra être établi sur la Seine, à frais communs entre l'État, la liste civile et la compagnie qu'il représente ;

« Attendu cependant qu'il résulte des documents émanés du ministre d'État qu'aucune convention relative à la construction commune d'un barrage éclusé sur la Seine n'est intervenue entre la liste civile et Corréard, et que ce dernier n'a même fait à M. le ministre de la maison de l'Empereur aucune communication ou aucune ouverture à ce sujet ;

« Que jamais non plus la liste civile n'a donné au prévenu l'autorisation de prélever, avant tous autres, des sables dans la forêt de Fontainebleau ; qu'ainsi ces allégations sont mensongères et constituent la publication de fausses nouvelles ;

« Attendu que cette publication a été faite de mauvaise foi, puisque le prévenu savait parfaitement combien les énonciations produites par lui étaient mensongères, et qu'il n'a pu les insérer dans son prospectus que pour faire croire à un haut patronage et attirer à lui la confiance des capitalistes ;

« Attendu, enfin, que ces manœuvres sont d'autant plus coupables qu'elles ont été faites dans un but évident de lucre et qu'elles pouvaient avoir pour effet de compromettre gravement les capitaux importants qu'elles sollicitaient ;

« En conséquence, déclare ledit Corréard coupable du délit de publication de fausses nouvelles faites de mauvaise foi, et lui faisant application des articles 15 du décret du 17 février 1852, 52 du Code pénal et 194 du Code d'instruction criminelle, dont lecture a été faite par M. le président du tribunal, lesquels sont ainsi conçus :

« Article 15 du décret du 17 février 1852 : « La publication ou la

« reproduction de nouvelles fausses, de pièces fabriquées, falsifiées ou
« mensongèrement attribuées à des tiers, sera punie d'une amende de
« 1,000 francs si la publication ou reproduction est faite de mauvaise
« foi, ou si elle est de nature à troubler la paix publique la peine sera
« d'un mois à un an d'emprisonnement et d'une amende de 500 francs
« à 1,000 francs. — Le maximum sera appliqué si la publication ou
« reproduction est tout à la fois de nature à troubler la paix publique et
« faite de mauvaise foi. »

« Article 52 du Code pénal : « L'exécution des condamnations à
« l'amende, aux restitutions, aux dommages et intérêts et aux frais
« pourra être poursuivie par la voie de la contrainte par corps. »

« Article 194 du Code d'instruction criminelle : « Tout jugement de
« condamnation rendu contre le prévenu et contre les personnes civi-
« lement responsables du délit, ou contre la partie civile, les condam-
« nera aux frais, même envers la partie publique. Les frais seront liqui-
« dés par le jugement. »

« Condamne ledit Corréard à un mois d'emprisonnement et par corps
à 1,000 francs d'amende, le condamne encore aux frais liquidés à
18 francs 20 centimes.

« Fixe à une année la durée de la contrainte par corps. »

IMPRIMERIE DE J. CLAYE, RUE SAINT BENOIT, 7.